## PERO VAZ DE CAMINHA
Ilustrações de HERMES

Imagens, dicas e notas explicativas para transformar sua leitura numa aventura do Descobrimento

# A CARTA
## DO ACHAMENTO DO BRASIL

SABEDORIA PORTÁTIL

Copyright © *A carta do achamento do Brasil (Texto Integral em HQ)*
Copyright © Editora Planeta do Brasil, 2022

Grafia atualizada segundo o Acordo Ortográfico da Língua Portuguesa de 1990, que entrou em vigor no Brasil em 2009

Todos os direitos reservados
Título original: *A carta do achamento do Brasil*

*Texto-base:* disponibilizado pelo Ministério da Cultura, Fundação Biblioteca Nacional, Departamento Nacional do Livro por meio do site dominiopublico.gov.br

*Comentários e notas sobre a Carta:* Claudio Blanc

*Edição:* Fernanda Emediato

*Revisão:* Josias A. de Andrade

*Capa, projeto gráfico e ilustrações:* Hermes Ursini

*Diagramação e arte final:* Alan Maia

Dados Internacionais de Catalogação na Publicação (CIP)
Angélica Ilacqua CRB-8/7057

---

Caminha, Pero Vaz de, 1450?-1500
   A carta do achamento do Brasil / Pero Vaz de Caminha. - São Paulo : Planeta do Brasil, 2022.
104 p.

   Bibliografia
   ISBN: 978-65-5535-926-8

   1. Brasil - História - Descobrimento, 1500 - Fontes
I. Título

22-3941                                                      CDD 981.01

---

Índice para catálogo sistemático:

1. Brasil - História - Descobrimento, 1500 - Fontes

Ao escolher este livro, você está apoiando o manejo responsável das florestas do mundo

2022
Todos os direitos desta edição reservados à
EDITORA PLANETA DO BRASIL LTDA.
Rua Bela Cintra 986, 4º andar — Consolação
São Paulo — SP — CEP 01415-002
www.planetadelivros.com.br
faleconosco@editoraplaneta.com.br

# Sumário

O "achamento" do Brasil .................... 7
Paulo Rezzutti

Um Novo Mundo ........................ 13
Claudio Blanc

A carta .................................... 26
Pero Vaz de Caminha

A carta em imagens .................... 82

A *Carta do Achamento* na
perspectiva estudantil ................ 88
Marcella Abboud

   O contexto de produção ................ 88
   A carta do achamento nas provas de vestibular ........... 91
   QR Code para vídeo sobre o autor e a obra ........ 102

Referências bibliográficas ............ 103

# O "achamento" do Brasil

Por Paulo Rezzutti[1]

A esquadra de Pedro Álvares Cabral saiu de Portugal, deixando o rio Tejo, no dia 9 de abril de 1500. Era composta de 13 embarcações: nove naus, três caravelas e uma naveta de mantimentos. Os navios levavam cerca de mil e quinhentos homens, entre marinheiros, navegadores experientes, comerciantes, médicos, cientistas e religiosos, além de soldados. O destino da frota era Calicute, na Índia, onde os portugueses, liderados por Cabral, deveriam criar uma feitoria, um posto de comércio e armazenamento de especiarias, que rendiam fortunas para os cofres de Portugal.

> O destino da frota era Calicute, na Índia, onde os portugueses, liderados por Cabral, deveriam criar uma feitoria, um posto de comércio.

---

[1] Paulo Rezzutti é escritor e biógrafo. Foi vencedor do Prêmio Jabuti de Literatura na categoria biografia em 2016 com a obra *Dom Pedro, a história não contada*. Além da biografia de d. Pedro I, também é autor das biografias da imperatriz dona Leopoldina, de d. Pedro II e da Marquesa de Santos. Sua carreira literária teve início em 2011 com a publicação de *Titília e o Demonão*, cartas inéditas de d. Pedro à marquesa de Santos, descobertas na Hispanic Society of America em 2010. É membro do Instituto Histórico e Geográfico de São Paulo, do Instituto Histórico de Petrópolis e do Instituto Histórico e Geográfico de Campos dos Goytacazes, no Rio de Janeiro.

Algumas teorias afirmam que Portugal já sabia das terras que ficariam conhecidas como Brasil, e que a esquadra de Cabral passou aqui antes de ir para a Índia para tomar posse das terras que ele batizou de Ilha de Vera Cruz. Outra versão, mais tradicional, é de que tudo não passou de um acaso. As fortes tormentas do Oceano Atlântico teriam contribuído para a frota mudar o curso e chegar ao litoral da Bahia. Para notificar o rei de Portugal a respeito das novas terras, Cabral enviou um navio de volta a Lisboa com as cartas, incluindo a de Caminha; e partiu para a Índia, no início de maio de 1500, com o restante dos seus navios, para o objetivo principal da sua missão.

Diferentemente da atualidade, em que 84%[2] da população mundial sabe ler e escrever, no fim da Idade Média e início da Moderna a realidade era bem diferente. Eram raras as pessoas alfabetizadas, e geralmente elas só eram encontradas nas altas classes da sociedade. Pero Vaz de Caminha, natural da cidade do Porto, em Portugal, nasceu em 1450. Tanto ele quanto seu pai foram cavaleiros dos duques de Bragança e serviram aos reis portugueses. Eram letrados e exerceram o cargo de mestre da balança da Casa da Moeda, posto equivalente ao de escrivão e tesoureiro. A educação de Caminha

---

[2] Fonte: (2013 UN Human Development Report e Individual Statistics Departments).

valeu-lhe a nomeação como escrivão da feitoria que deveria ser erguida em Calicute, na Índia, e, por essa razão, ele embarcou na frota de Pedro Álvares Cabral, que em abril de 1500 acabaria chegando à terra que viria a ser o Brasil.

Escrita na Ilha de Vera Cruz, primeiro nome dado pelos descobridores portugueses ao Novo Mundo, que atualmente corresponde à parte nordeste da costa brasileira, e datada de 1º de maio de 1500, a carta de Pero Vaz de Caminha ao rei d. Manuel I de Portugal costuma ser designada como a certidão de nascimento do Brasil. As terras que passariam a ter esse nome já eram habitadas por mais de 2 milhões de indivíduos de povos nativos. Mais do que uma "certidão de nascimento", que só tem essa conotação se utilizarmos o olhar eurocêntrico, a carta mostra a reação e o deslumbramento dos primeiros europeus ao entrarem em contato com as terras e os povos originários do continente sul-americano.

Sem pretensão de ser um texto literário, o objetivo da carta de Caminha é informar o rei de Portugal a respeito das novas terras a que a frota liderada por Pedro Álvares Cabral chegara e descrever as características da terra e do povo que acabaram de conhecer. Além da missiva de Caminha, são conhecidas mais duas outras escritas por tripulantes da expedição para o rei d. Manuel I. Uma delas foi a chamada "Relação do Piloto Anônimo", cujo autor, de acordo com alguns estudos, pode ter sido João de

**As terras que passariam a ter esse nome** já eram habitadas por mais de 2 milhões de indivíduos pertencentes a povos nativos. Mais do que uma "certidão de nascimento", que só tem essa conotação se utilizarmos o olhar eurocêntrico, ela mostra a reação e o deslumbre dos primeiros europeus diante das terras e dos povos originários sul-americanos.

Sá, escrivão da armada de Cabral. Esse relato acabou sendo publicado em italiano em 1507. A outra carta é do chamado "Mestre João", um médico, astrônomo, astrólogo e físico judeu, de origem espanhola, cujo nome seria João Faras. A carta de Mestre João é importante, pois é uma das primeiras a identificar a constelação do Cruzeiro do Sul e a fazer menção de que já se sabia da existência de terras na região.

Entre as três cartas, a de Caminha destaca-se. Seu estilo é espirituoso e dá um colorido ao relato. É a única a descrever os nativos e os primeiros contatos registrados entre os europeus e os povos originários, além de relatar a data da chegada dos portugueses ao Brasil, 22 de abril de 1500. A carta, apesar da linguagem burocrática, é direta e até divertida.

Caminha observa os homens e as mulheres da nação dos tupinambás, que habitavam o litoral da região de Porto Seguro, na Bahia, onde a esquadra de Cabral aportou. Entre as longas descrições do ambiente, detém-se naquelas a respeito dos povos originários. Observa como os homens da aldeia estavam ou não armados, como era a postura deles, fala de seus corpos nus, pintados ou não, e dos objetos de adorno. Além disso, mostra o estranhamento deles em relação ao que os portugueses possuíam, como contas e outros objetos, e até da reação que tiveram ao ver uma galinha pela primeira vez. Caminha também entra em detalhes como o de que os indígenas não eram circuncidados.

## A Carta

Apesar de em algumas menções as mulheres entrarem na narrativa em conjunto, por fazerem parte de um grupo em que havia homens também, as menções às indígenas referem-se, invariavelmente, ao seu corpo, como quando ele brinca com a palavra "vergonha", ao falar sobre os genitais dos nativos, principalmente das mulheres, que não eram cobertos. Ao se referir aos órgãos sexuais como "vergonhas", ele usa outras variantes, como "envergonha" e "desvergonha", para se referir às reações dos europeus à nudez das nativas. Elas deixam de ser invisíveis, sobretudo as mais jovens, por estarem nuas. Em geral, são descritas em grupo e não se sobressaem individualmente. Nesse ponto, chama a atenção a total falta de menção a mulheres idosas. Se estas foram vistas por Caminha, não parecem ter sido dignas de registro específico.

Das três cartas escritas ao rei de Portugal de que se tem notícia, tanto a de Caminha quanto a de Mestre João só passaram a ser conhecidas do público muitos séculos depois de seu envio. As novas terras eram mantidas em segredo, ou ao menos essa era a pretensão. A carta de Caminha ressurgiu em 18 de fevereiro de 1773 na Torre do Tombo, o arquivo da Coroa Portuguesa. Nessa ocasião, por ordem do dr. José de Seabra e Silva, guarda-mor da Torre, foi feita uma cópia para "melhor inteligência do seu original", sendo o escrivão responsável Eusébio Manoel da Silva. Em 1785, o historiador espanhol

Juan Batista Muñoz foi a Lisboa pesquisar documentos para a sua obra História del Nuevo Mundo, cujo primeiro volume foi publicado em 1793. Nela, aparece pela primeira vez a notícia da existência da carta de Caminha. Em 1817, finalmente, a carta foi publicada na íntegra em uma obra de língua portuguesa, a Corografia Brasílica, do padre Manuel Aires de Casal, que saiu pela Impressão Régia, no Rio de Janeiro. Já a carta de Mestre João só apareceria anos depois, em 1843, por iniciativa de Francisco Adolfo de Varnhagen, seu descobridor, na Revista do Instituto Histórico e Geográfico Brasileiro, tomo V, nº. 19.

Ao contrário dos nativos brasileiros, que não demonstraram qualquer agressividade com os portugueses, estes não tiveram a mesma sorte na Índia. Lá, foram atacados pelos muçulmanos, e muitos perderam a vida. Acredita-se que somente um terço dos homens que partiram com Cabral para a missão conseguiu sobreviver. Infelizmente, Pero Vaz de Caminha, o escrivão da carta informando sobre o Brasil, não foi um deles. Caminha foi morto durante uma batalha em Calicute em dezembro de 1500.

# Um Novo Mundo
Por Claudio Blanc[3]

Em 9 de março de 1500, uma esquadra de 13 navios, a maior armada que Portugal já tinha organizado até então, deixou o porto de Lisboa para chegar às Índias, usando a rota recém-aberta por Vasco da Gama. Pouco mais de um mês depois, em 22 de abril, a frota comandada por Pedro Álvares Cabral avistou uma terra coberta por luxuriantes florestas, localizada no Atlântico sul. Havia, também, homens de pele cor de cobre andando nus ao longo da praia. Um novo território para os europeus acabava de ser oficialmente descoberto, um país misterioso.

**Pouco mais de um mês depois,** em 22 de abril, a frota comandada por Pedro Álvares Cabral avistou uma terra coberta de luxuriantes florestas, localizada no Atlântico sul.

---

[3] Claudio Blanc é filósofo, escritor, tradutor e editor, tendo colaborado em diversas publicações ao longo de últimos 20 anos. É autor, entre outros, dos livros *Aquecimento Global e Crise Ambiental*, *Uma Breve História do Sexo*, *O Lado Negro da CIA* e *O Homem de Darwin*. Claudio Blanc também escreve sobre mitologia e tem produzido obras de reconto. Seu livro *De lenda em Lenda Cruzando Fronteiras* foi selecionado como "Altamente Recomendável" pela Fundação Nacional do Livro Infantil e Juvenil (FNLIJ); e *Avantesmas*, finalista do Prêmio Jabuti 2015, foi escolhido pela Prefeitura de São Paulo/Secretaria Municipal de Educação para compor o Projeto Minha Biblioteca — Edição 2018. Além disso, assina, até o momento da publicação deste livro, a tradução de 50 obras nos mesmos campos de conhecimento sobre os quais escreve.

Desde a Idade Média, já se sabia que havia terras a oeste da Europa, o que foi confirmado por Cristóvão Colombo. Na verdade, a costa brasileira já tinha sido visitada pelo navegador espanhol Vicente Yañes Pinzón, em janeiro de 1500, três meses antes de Cabral. A expedição de Cabral tinha como missão principal fundar uma feitoria em Calicute, na Índia, e iria aproveitar a viagem para reconhecer a nova terra, garantida a Portugal pelo Tratado de Tordesilhas, em 1494.

No dia seguinte à chegada da armada, o capitão-mor Pedro Álvares Cabral ordenou a Nicolau Coelho, comandante de um dos navios da esquadra, que fosse à terra com alguns companheiros. Nicolau encontrou homens de pele acobreada armados com arcos e flechas andando pela praia. Os portugueses não conseguiram se comunicar com eles, pois havia o entrave da língua.

Depois desse primeiro contato, a frota seguiu um pouco para o norte em busca de um ancoradouro. Admirando uma terra bela e fecunda, coberta por densas florestas, a tripulação ancorou numa baía bem protegida, à qual deram o nome de Porto Seguro. De novo, os marinheiros encontraram pessoas diferentes das que já conheciam, "nuas como na sua primeira inocência, mansas e pacíficas". Certamente essa gente era passível de ser evangelizada, argumento que para um Portugal então senhor dos mares era a justificativa e a legitimação para a conquista de novas terras e novos povos.

Ao fim da estada, Cabral despachou um dos navios da esquadra, comandado por Gaspar de Lemos, a Portugal para dar a notícia ao rei d. Manuel. Lemos levava as cartas do capitão-mor, do físico mestre João e do escrivão Pero Vaz de Caminha. A 2 de maio a frota zarpou rumo à Índia. A missão de reconhecer a nova terra, batizada de Ilha de Vera Cruz, tinha sido cumprida.

## A certidão de nascimento do Brasil

Embora alguns oficiais da frota tenham escrito ao rei d. Manuel comunicando o sucesso da missão de reconhecer e tomar posse da nova terra, nenhum deles se alongou em sua narrativa como Pero Vaz de Caminha, escrivão da feitoria que seria fundada em Calicute. Caminha se desculpa ao rei pelo longo texto que envia, enfatizando seu desejo de "tudo dizer", mas sem nada embelezar ou enfear, colocando em sua descrição apenas aquilo que vira ou as impressões que tivera, pois reconhecia que, muitas vezes, interpretara gestos e comportamentos dos povos nativos sem saber ao certo se os havia entendido corretamente.

Quando Caminha escreveu sua carta naquele longínquo 1º. de maio de 1500, em Porto Seguro, havia já meio século que os capitães e pilotos das naus registravam os fatos ocorridos durante as viagens. Existiam relatos sobre o interior da África e sobre a

**Desde a Idade Média,** já se sabia que havia terras a oeste da Europa, o que foi confirmado por Cristóvão Colombo. Na verdade, a costa brasileira já tinha sido visitada pelo navegador espanhol Vicente Yañes Pinzón, em janeiro de 1500, três meses antes de Cabral.

15

viagem de Vasco da Gama à Índia, mas a narrativa de Caminha era mais minuciosa e rica do ponto de vista humano, indo além dos relatos técnicos e náuticos, verdadeiro interesse dos portugueses. O texto de Caminha faz observações e comentários pouco habituais nos escrivães das naus da Era dos Descobrimentos. Além disso, seus dotes literários eram superiores aos de seus pares.

A carta de Caminha, que ficou conhecida como "Carta do Achamento do Brasil", conta ao rei o dia a dia dos marinheiros da frota em sua exploração da nova terra, no período de 22 de abril a 1º. de maio de 1500. No texto, o escrivão revela seu talento literário, mostrando-se um homem de formação humanista, familiarizado com o estilo e as construções clássicas, e de mente curiosa, aberta à experiência do mundo. Essa primeira narração e descrição da terra encontrada e de seus habitantes, um testemunho tingido de simpatia e curiosidade, não deixa mesmo de ser uma pequena obra-prima da chamada Literatura dos Viajantes.

A descrição das novas terras e de seus habitantes é feita com empatia, mas sem idealização. O texto é

> O texto de Caminha faz observações e comentários pouco habituais nos escrivães das naus da Era dos Descobrimentos.

## A Carta

rico em detalhes e bem-humorado, como no trecho em que Caminha faz trocadilhos e brincadeiras ao comparar a beleza das indígenas com a das mulheres portuguesas. O escrivão faz um retrato fiel do encontro entre os habitantes locais, membros da nação Tupi-Guarani, e os portugueses. Esse primeiro contato ocorre sem troca verbal. A "inocência", a simplicidade e a bela aparência dos povos originários inspiram simpatia aos navegadores portugueses. O encontro inicial com os nativos é pacífico, e o fascínio, recíproco.

Além de informar ao rei sobre a missão, Caminha tinha igualmente como objetivo pedir um favor a d. Manuel I em retribuição pelo serviço prestado ao narrar com tantos detalhes suas observações feitas na terra desconhecida. Ele pede ao monarca que perdoe seu genro, degredado na Ilha de São Tomé, na África, por ter cometido um assalto à mão armada, e o deixe retornar a Portugal — um pedido que se perde no silêncio dos séculos, pois nunca saberemos se o rei o atendeu ou não.

Caminha foi direto em sua carta e colocou logo no início a impossibilidade de obter qualquer informação concreta sobre a existência de metais preciosos naquele lugar, pois não havia intérpretes que pudessem se comunicar com os indígenas e, também, porque os portugueses ali permaneceram pouco tempo. Em contrapartida, o escrivão esmerou-se em descrever a gente que habitava aquela terra, indicando que os nativos eram a verdadeira riqueza do novo território. Ele procurou mostrar ao rei que aqueles habitantes eram diferentes dos africanos e dos asiáticos, tornando sua carta a d. Manuel I um documento importante para antropólogos e historiadores.

Outro importante testemunho histórico é a menção que Caminha faz sobre o destino que os portugueses costumavam dar aos **degredados**. Esses condenados iam a bordo dos navios e eram abandonados à própria sorte nas terras descobertas para aprender a língua e os costumes locais, tornando-se, assim, informantes privilegiados e os primeiros agentes de uma nova cultura que iria resultar da miscigenação.

A carta de sete folhas escrita por Caminha foi o primeiro documento oficial sobre a história do Brasil e o marco inaugural da nossa literatura. O original encontra-se no Arquivo Nacional da Torre do Tombo, em Lisboa. Como se destinava apenas ao rei, a Carta do Achamento do Brasil foi ignorada até 1817, quando o padre Manuel Aires de Casal a incluiu na Corografia Brasílica, publicada pela Impressão Régia do Rio de Janeiro. Havia uma cópia da carta, feita em 1773 por ordem do guarda-mor do Arquivo da Torre do Tombo, "para melhor inteligência do seu original". Essa cópia foi usada na primeira versão impressa da carta — devidamente censurada, para evitar que os leitores se chocassem com a crueza da descrição dos nativos.

---

**A pena de degredo** era uma forma de punição muito utilizada em Portugal. As pessoas que cometiam crimes – que podiam tanto ser de origem comum, como roubo; ou de ordem religiosa, como feitiçaria e rituais de bruxaria – eram condenadas pelo Tribunal do Santo Ofício. Estas pessoas eram exiladas de sua terra de origem não podendo mais retornar.

## O tempo e a vida de Pero Vaz de Caminha

Não se sabe ao certo quando e onde Pero Vaz de Caminha nasceu, pois não foram localizados documentos da época que pudessem confirmar isso. Acredita-se que ele tenha nascido em 1450 no Porto, uma cidade portuária de grande importância entre os séculos XIII e XVI. Lá, ao que tudo indica, o futuro escrivão foi criado e passou a maior parte de sua vida.

Pero Vaz de Caminha era filho de Vasco Fernandes Caminha, fidalgo e escrivão ligado aos empreendimentos ultramarinos portugueses. Certamente Vasco educou e encaminhou o filho para seguir seus passos. O maior testemunho sobre Pero Vaz é a própria Carta do Achamento do Brasil, escrita ao rei. O texto demonstra erudição e estilo, indicando que Pero Vaz teve uma formação cultural robusta, segundo os padrões da época.

Provavelmente, como outros cidadãos do Porto, Pero Vaz participou da guerra contra Castela, promovida em 1476, por Afonso V. O rei queria anexar aquele reino a Portugal, mas foi derrotado pelas tropas castelhanas na batalha de Toro, naquele mesmo ano. De qualquer modo, possivelmente como recompensa pela sua participação na campanha contra Castela, Caminha foi nomeado Mestre da Balança da Casa da Moeda, um cargo importante, equivalente ao de escrivão e tesoureiro. Outros, porém, acreditam que ele teria herdado essa posição, uma vez que, naquela época, era comum o pai passar seu cargo para o filho. Caminha também foi eleito vereador em sua cidade, em 1497, com a missão de redigir os capítulos da Câmara do Porto, uma constituição local a ser apresentada à Corte, em Lisboa.

Caminha foi casado e teve uma filha, Isabel de Caminha, esposa de um certo Jorge Osório, condenado ao exílio na África, acusado de assalto à mão armada. É por ele que o escrivão intercede, ao fim de sua famosa carta, pedindo ao rei que perdoe o genro e permita que ele retorne a Portugal.

Três anos depois de ser eleito vereador no Porto, quando já tinha 50 anos de idade, Pero Vaz de Caminha foi nomeado para o cargo de escrivão da armada de Cabral. Não se conhecem as circunstâncias em que essa nomeação ocorreu, mas não há dúvida de que sua posição na armada reflete o prestígio e a confiança que o escrivão tinha na Corte portuguesa.

Depois de estabelecido o entreposto comercial, Caminha deveria se fixar na Índia, como escrivão da feitoria portuguesa em Calicute, grande centro das especiarias. A feitoria que Pero Vaz iria administrar prometia se tornar um dos mais lucrativos entrepostos no Oriente. Contudo, isso não aconteceu: nem a feitoria foi fundada, nem o escrivão da armada chegou a ocupar o influente cargo a ele reservado.

## A Carta

Em 2 de maio de 1500, dia seguinte ao da redação da carta de Caminha sobre a descoberta da suposta Ilha de Vera Cruz — na verdade um país de proporções continentais que viria a se chamar Brasil —, a esquadra comandada por Pedro Álvares Cabral deixou a nova terra e retomou o rumo às Índias. No percurso, a frota perdeu mais quatro embarcações, além de duas naufragadas na travessia ao Brasil e da nau que voltara a Portugal com a notícia do descobrimento da nova terra. Entre os mortos nos naufrágios estava Bartolomeu Dias, que anos antes contornara o Cabo da Boa Esperança, local que agora tornava-se seu túmulo.

Finalmente, três meses depois de deixar o Brasil e com apenas seis navios, Cabral ancorou em Calicute. Contudo, os portugueses não conseguiram estabelecer relações amistosas com a população. Os mercadores muçulmanos se sentiram prejudicados com a instalação da feitoria de Cabral, e em 15 de dezembro de 1500, promoveram um ataque aos estrangeiros que resultou na morte de mais de 30 portugueses, entre eles Pero Vaz de Caminha.

Em resposta ao ataque, Cabral tomou todas as embarcações fundeadas no porto, confiscou a carga e mandou incendiá-las. Durante dois dias, os portugueses bombardearam a cidade com os canhões da armada até obterem a rendição. Cabral celebrou um tratado de paz e só então estabeleceu a feitoria. Assim, apesar da violência, a missão foi cumprida com sucesso.

A morte no mar ou em combate, como a de Caminha, não era incomum aos que participavam do empreendimento ultramarino português. A maioria, porém, não é lembrada, e seus nomes e feitos permanecem soterrados nas areias do tempo. Caminha, ao contrário, deixou um legado tão importante, que foi capaz de gravar seu nome nas páginas da história da Era dos Descobrimentos: o relato do encontro pacífico de dois povos tão diferentes nas praias de Pindorama — um relato pintado com cores vivas e esperançosas.

## A Era dos Descobrimentos

**Escola de Sagres**
A escola forneceu conhecimento e técnicas, como cartografia, geografia e astronomia, para os navegadores portugueses, favorecendo o pioneirismo de Portugal nas grandes navegações dos séculos XV e XVI.

Pero Vaz de Caminha viveu e participou de um dos momentos mais importantes da história de Portugal, um período que ficou conhecido como Era dos Descobrimentos. Nessa época, nos séculos XV e XVI, potências europeias, especialmente Espanha e Portugal, realizaram grandes expedições com o objetivo de explorar o mundo, mapear o planeta, e principalmente estabelecer rotas comerciais e entrepostos na África, América, Ásia e Oceania.

Já no século XV, os portugueses começaram a explorar as costas de África sob o impulso do Infante Dom Henrique, conhecido como "o Navegador", fundador da **escola de Sagres**. Foi um empreendimento heroico e corajoso, protagonizado por homens determinados e cheios de autoconfiança que desafiavam a morte em embarcações frágeis, navegando mares desconhecidos.

Nesse esforço, Dinis Dias "descobriu" as ilhas de Cabo Verde em 1444. O Senegal foi visitado em 1455 por Alvise Cadamosto, navegador e explorador veneziano a serviço do Infante Dom Henrique. Diogo Gomes chegou a Gâmbia em 1456, e Bartolomeu Dias, ao Índico em 1488, ao contornar o Cabo da Boa Esperança. Desse modo, no fim do século XV a rota marítima para a Índia estava cada vez mais perto de ser estabelecida pelos portugueses.

Em busca de uma rota alternativa para a Ásia, uma vez que só os portugueses detinham o conhecimento da navegação ao longo da costa africana, o navegador genovês Cristóvão Colombo, financiado pela monarquia espanhola, navegou para o oeste. Ele saiu de Sevilha com três caravelas, atravessou o Oceano Atlântico e chegou às ilhas do Caribe em 1492, descobrindo um "novo mundo". O território veio a se chamar América, assim batizado, por volta de 1507, em homenagem a Américo Vespúcio, porque esse navegador e cartógrafo italiano foi o primeiro a entender que a terra encontrada se tratava de um novo continente e não apenas de um arquipélago, como se julgou a princípio.

Com a descoberta de Colombo, para evitar um conflito entre Espanha e Portugal, o Tratado de Tordesilhas, firmado em 1494, dividiu o mundo, segundo um meridiano, em duas zonas de exploração onde cada um dos dois reinos teria direitos exclusivos sobre as futuras descobertas. Assim, o território que veio a ser o Brasil, a leste do meridiano, pertencia a Portugal.

Em 1498, uma expedição portuguesa liderada por Vasco da Gama, para a qual Bartolomeu Dias contribuiu com a sua experiência, realizou finalmente o esforço de estabelecer uma ligação marítima com a Índia navegando pela África. Logo depois, os portugueses chegaram às "Ilhas das Especiarias", atuais Ilhas Molucas, na Indonésia, em 1512, e à China no ano seguinte.

As explorações a oeste e a leste se sobrepõem quando o espanhol Juan Sebastián Elcano, segundo no comando de Magalhães, morto a caminho do Pacífico, completa a primeira circunavegação da Terra em 1522. Ao mesmo tempo, os conquistadores espanhóis exploraram o interior e destruíram impérios nativos nas Américas Central e do Sul. A partir do século XVI, franceses, ingleses e holandeses embarcaram na corrida e passaram a contestar o monopólio ibérico do comércio marítimo. Eles participam da exploração das Américas, mas especialmente da Oceania.

Como o Renascimento, a "era dos descobrimentos" constitui uma ponte entre a Idade Média e os tempos modernos. A recém-inventada imprensa ajudou a divulgar histórias de exploração e mapas de terras distantes, promovendo assim o desenvolvimento do humanismo e do questionamento

## A Carta

científico e intelectual. A expansão europeia também levou à constituição de impérios coloniais, e os contatos entre o Velho e o Novo Mundo resultaram na transferência massiva entre Oriente e Ocidente e hemisférios norte e sul de plantas, animais, populações (incluindo escravizados), doenças infecciosas e cultura. Essa primeira globalização gerou algumas das mudanças ecológicas, agrícolas e culturais mais significativas da história.

O Brasil resulta desse movimento, assim como Pero Vaz de Caminha e sua carta anunciando ao Velho Continente esse maravilhoso Novo Mundo.

E então, um grito ecoa na sala do vestibular
NÃÃOO!!!
EU NAO SEI NADA DESSA CARTA!!
?!
...
Aquilo deixa o cara ao lado impressionado. E nasce uma ideia.
Essa história continua muitos anos depois

Acompanhe a maior aventura da vida de um pacato guarda-livros e futuro escrivão-mor da feitoria de Calicute, na India, de quem mal conhecemos os atos e sua imagem verdadeira.

Onde Caminha escrevia? No convés sob tenda improvisada ou em sua cabine? Escrevia de memória ou anotava durante as muitas tarefas diárias de que participava como integrante da esquadra? Caminha se empolgou com o que viu e anotou para el Rei, Dom Manoel.

Suas palavras criaram a primeira imagem conhecida do que viria a ser o Brasil. A carta de Caminha, com data de maio de 1.500, permaneceu inédita para a Historia até 1817.

Tudo começou há mais de 500 anos,
era das grandes navegações portuguesas

# A CARTA
### DE PERO VAZ DE CAMINHA
### SOBRE O ACHAMENTO DO BRASIL

No início de março de 1500, a maior esquadra da história das navegações portuguesas, com 1.500 homens e 13 naus, partiu de Lisboa.
O destino final era Calicute, nas Indias, onde os portugueses fariam acordos comerciais.

No meio do caminho tinha um Brasil.

# A Carta
de Pero Vaz de Caminha

**Senhor,**

Apesar de o Capitão-mor[4] desta Vossa frota, e de os outros capitães escreverem a Vossa Alteza a notícia do achamento desta Vossa terra nova, que se agora nesta navegação achou, não deixarei de também dar disso minha conta a Vossa Alteza, assim como eu melhor puder, ainda que — para o bem contar e falar — o saiba pior que todos fazer!

Todavia, tome Vossa Alteza minha ignorância por boa vontade, a qual bem certo creia que, para adornar nem afear, aqui não há de pôr mais do que aquilo que vi e me pareceu.

---

[4] Pedro Álvares Cabral, o comandante da frota que veio ao Brasil, nasceu em Belmonte em 1467 ou 1468 e faleceu em Santarém por volta de 1520 ou 1526. Encarregado pelo rei de Portugal Manuel I de ir às Índias Orientais e continuar o trabalho de Vasco da Gama, é considerado um personagem essencial da época dos Grandes Descobrimentos. Não há retratos ou descrição de detalhes físicos de Cabral dessa época. Dizem que tinha uma constituição forte e era tão alto quanto seu pai, Fernão Álvares, que tinha mais de 1,90m de altura e era apelidado de "o Gigante da Beira". Sobre o caráter de Pedro Álvares Cabral, dizem que ele era bem-educado, cortês, cauteloso, generoso, tolerante com seus inimigos, humilde, mas também orgulhoso e muito apegado ao respeito que lhe dava sua posição de comando.

Da marinhagem[5] e das singraduras[6] do caminho não darei aqui conta a Vossa Alteza — porque o não saberei fazer — e os pilotos devem ter este cuidado.

E portanto, Senhor, do que hei de falar começo: E digo quê:

A partida de Belém foi — como Vossa Alteza sabe, segunda-feira 9 de março. E sábado, 14 do dito mês, entre as 8 e 9 horas, nos achamos entre as Canárias, mais perto da Grande Canária. E ali andamos todo aquele dia em calma, à vista delas, obra de três a quatro léguas [*c. 19 quilômetros*]. E domingo, 22 do dito mês, às dez horas mais ou menos, houvemos vista das ilhas de Cabo Verde, a saber da ilha de São Nicolau, segundo o dito de Pero Escolar, piloto.

Na noite seguinte à segunda-feira amanheceu, se perdeu da frota Vasco de Ataíde com a sua nau, sem haver tempo forte ou contrário para poder ser!

Fez o capitão suas diligências para o achar, em umas e outras partes. Mas... não apareceu mais!

---

[5] Marinhagem são os marinheiros da frota. Cada navio da frota de Cabral era constituída por piloto, imediato e contramestres, que comandavam com seus apitos cerca de sessenta marinheiros experientes, muitos dos quais participaram das expedições anteriores à África e Índia, auxiliados por grumetes, garotos que realizavam os trabalhos mais pesados e eram quase sempre tratados com muita brutalidade. Além deles, havia a bordo, artesãos, carpinteiros, tanoeiros etc. Como era uma expedição militar, a frota levava muitos soldados, a "gente de armas".

[6] Singradura era a distância percorrida pelo navio durante 24 horas de navegação, do meio-dia ao meio-dia seguinte.

A Carta

E assim seguimos nosso caminho, por este mar de longo, até que terça-feira das Oitavas de Páscoa, que foram 21 dias de abril, topamos alguns sinais de terra, estando da dita Ilha — segundo os pilotos diziam, obra de 660 ou 670 léguas [*c. 3.185 a 3.235 quilômetros*] — os quais eram muita quantidade de ervas compridas, a que os mareantes chamam Botelho, e assim mesmo outras a que dão o nome de rabo-de-asno[7]. E quarta-feira seguinte, pela manhã, topamos aves a que chamam furabuchos[8].

Neste mesmo dia, a **horas de véspera**, houvemos vista de terra! a saber, primeiramente de um grande monte, muito alto e redondo; e de outras serras mais baixas ao sul dele; e de terra chã, com grandes arvoredos; ao qual monte alto o capitão pôs o nome de O Monte Pascoal[9] e à terra A Terra de Vera Cruz!

Mandou lançar o prumo. Acharam vinte e cinco braças[10]. E ao sol-posto umas seis léguas da terra

**Horas de Véspera**
Uma das sete partes em que se dividiam as horas canônicas. O ofício de cada dia nas Ordens religiosas era dividido conforme as horas das orações vocais: matinas, laudes, prima, terça, sexta, noa (nona), véspera e completa ou completas. Assim, Caminha informa que eram entre 15 e 18 horas.

---

[7] Botelho, ou a botelha, é um tipo de alga frequentemente mencionada nos registros marítimos portugueses do período das Grandes Navegações. Já o rabo-de-asno é mencionado apenas por Caminha.

[8] Ave marinha da família dos Procelariídeos, com plumagem preta nas partes superiores e branca nas inferiores e bico fino e escuro, especializado para apanhar pequenos peixes e crustáceos.

[9] O nome Pascoal foi dado ao monte por ser dia de Páscoa.

[10] A sondagem na proximidade das costas era uma operação feita com muito cuidado, já que a embarcação podia encalhar ou colidir com pedras. Os resultados das medições eram anotados com exatidão. A sondagem era feita com prumos de chumbo em forma de cone, presos a uma linha graduada em braças. A braça era uma medida que vinha da Idade Média e corresponde a cerca de 1,8 metro.

## A Carta

[*c. 29 quilômetros*], lançamos ancoras, em dezenove braças [*c. 35 metros*] — ancoragem limpa. Ali ficamo-nos toda aquela noite. E quinta-feira, pela manhã, fizemos vela e seguimos em direitura à terra, indo os navios pequenos diante — por dezessete, dezesseis, quinze, catorze, doze, nove braças — até meia légua [*c. 2,5 quilômetros*] da terra, onde todos lançamos âncoras, em frente da boca de um rio. E chegaríamos a esta ancoragem às dez horas, pouco mais ou menos.

E dali avistamos homens que andavam pela praia, uns sete ou oito, segundo disseram os navios pequenos que chegaram primeiro[11].

Então lançamos fora os batéis e esquifes[12]. E logo vieram todos os capitães das naus a esta nau do Capitão-mor. E ali falaram. E o Capitão mandou em terra a Nicolau Coelho para ver aquele rio. E tanto que ele começou a ir-se para lá, acudiram pela praia homens aos dois e aos três, de maneira que, quando o batel chegou à boca do rio, já lá estavam dezoito ou vinte.

---

[11] Quando Cabral chegou ao Brasil, o litoral baiano era povoado por duas nações indígenas do grupo linguístico tupi: os tupinambás, que ocupavam a faixa compreendida entre a cidade baiana de Camamu e a foz do rio São Francisco, e os tupiniquins, que dominavam a área que vai de Camamu até o limite com o atual estado do Espírito Santo.

[12] Batéis e esquifes eram pequenas embarcações de salvamento ou auxiliares que acompanhavam as caravelas e naus. Os batéis eram maiores que os esquifes.

Pardos, nus, sem coisa alguma que lhes cobrisse suas vergonhas[13]. Traziam arcos nas mãos, e suas setas. Vinham todos rijamente em direção ao batel[14]. E Nicolau Coelho lhes fez sinal que pousassem os arcos. E eles os depuseram. Mas não pôde deles haver fala nem entendimento que aproveitasse, por o mar quebrar na costa. Somente arremessou-lhe um barrete vermelho e uma carapuça de linho que levava na cabeça, e um sombreiro preto[15]. E um deles lhe arremessou um sombreiro de penas de ave, compridas, com uma copazinha de penas vermelhas e pardas, como de papagaio. E outro lhe deu um ramal grande de continhas brancas, miúdas que querem parecer de aljôfar, as quais peças creio que o Capitão manda a Vossa Alteza. E com isto se volveu às naus por ser tarde e não poder haver deles mais fala, por causa do mar.

À noite seguinte ventou tanto sueste com chuvaceiros que fez **caçar as naus**. E especialmente a Capitaina[16]. E sexta pela manhã, às oito horas, pouco

> **Na linguagem náutica dos séculos XV e XVI**, caçar a nau significava que a embarcação saiu do seu rumo forçada pelo vento, maré ou por algum acidente.

---

[13] Nos séculos XV e XVI era normal usar o substantivo "vergonha" para se referir aos órgãos genitais.

[14] Isto é, vinham correndo, depressa, para a embarcação.

[15] O barrete, espécie de gorro vermelho, era a única peça de vestimenta usada quase como uniforme pelos marinheiros portugueses do século XVI. O uso dos barretes vermelhos como moeda de troca com os indígenas vinha de longe. Vasco da Gama, ao chegar, em 1497, à angra de São Brás, na África, presenteou os nativos com barretes vermelhos. Era uma peça comum, de baixa qualidade e preço, que os marinheiros podiam dispor para trocar por objetos típicos.

[16] A nau capitana, ou capitânia, é o navio do comandante.

Dali avistamos homens que andavam pela praia, obra de sete ou oito, segundo disseram os navios pequenos, por chegarem primeiro.

E o Capitão-mor mandou em terra no batel a Nicolau Coelho para ver aquele rio.

E tanto que ele começou de ir para lá, acudiram pela praia homens...

> **Almadia**
> Pequena embarcação de origem africana e asiática, comprida e estreita, construída com um só tronco de árvore. Almadia era termo corrente no começo do século XVI entre os navegantes portugueses que a conheciam da costa de África.

mais ou menos, por conselho dos pilotos, mandou o Capitão levantar âncoras e fazer vela. E fomos de longo da costa, com os batéis e esquifes amarrados na popa, em direção norte, para ver se achávamos alguma abrigada e bom pouso, onde nós ficássemos, para tomar água e lenha. Não por nos já minguar, mas por nos prevenirmos aqui. E quando fizemos vela estariam já na praia assentados perto do rio obra de sessenta ou setenta homens que se haviam juntado ali aos poucos. Fomos ao longo, e mandou o Capitão aos navios pequenos que fossem mais chegados à terra e, se achassem pouso seguro para as naus, que amainassem.

E velejando nós pela costa, na distância de dez léguas [48 *quilômetros*] do sítio onde tínhamos levantado ferro, acharam os ditos navios pequenos um recife com um porto dentro, muito bom e muito seguro, com uma mui larga entrada. E meteram-se dentro e amainaram[17]. E as naus foram-se chegando, atrás deles. E um pouco antes de sol-posto amainaram também, talvez a uma légua do recife [4,8 *quilômetros*], e ancoraram a onze braças [*vinte metros*].

E estando Afonso Lopez, nosso piloto, em um daqueles navios pequenos, foi, mandado pelo Capitão, por ser homem vivo e destro para isso, meter-se logo no esquife a sondar o porto dentro. E tomou dois daqueles homens da terra que estavam numa **almadia**: mancebos e de bons corpos. Um

---

[17] Recolheram as velas.

deles trazia um arco, e seis ou sete setas. E na praia andavam muitos com seus arcos e setas; mas não os aproveitou. Logo, já de noite, levou-os à Capitaina, onde foram recebidos com muito prazer e festa.

A feição deles é serem pardos, um tanto avermelhados, de bons rostos e bons narizes, bem-feitos. Andam nus, sem cobertura alguma. Nem fazem mais caso de encobrir ou deixa de encobrir suas vergonhas do que de mostrar a cara. Acerca disso são de grande inocência. Ambos traziam o beiço de baixo furado e metido nele um osso verdadeiro, de comprimento de uma mão travessa, e da grossura de um fuso de algodão, agudo na ponta como um furador. Metem-nos pela parte de dentro do beiço; e a parte que lhes fica entre o beiço e os dentes é feita a modo de roque de xadrez. E trazem-no ali encaixado de sorte que não os machuca, nem lhes atrapalha o falar, nem o comer e beber.

Os cabelos deles são corredios. E andavam tosquiados, de tosquia alta antes do que sobrepente[18], de boa grandeza, rapados todavia por cima das orelhas. E um deles trazia por baixo da solapa, de fonte a fonte, na parte detrás, uma espécie de cabeleira, de penas de ave amarela, que seria do comprimento de um coto[19], muito basta e muito cerrada, que lhe cobria a nuca e as orelhas. E andava

---

[18] Isto é, cortavam o cabelo acima da sobrancelha.

[19] Do comprimento do cotovelo até a mão.

O Capitão, quando eles vieram, estava
sentado em uma cadeira, bem vestido, com um
colar de ouro mui grande ao pescoço.

Acenderam-se as tochas. Entraram.

... um deles pôs olho no colar do Capitão,
e começou de acenar com a mão para a terra
e depois para o colar, como que nos dizendo
que ali havia ouro.

## A Carta

pegada aos cabelos, pena por pena, com uma confeição branda como, de maneira tal que a cabeleira era mui redonda e mui basta, e mui igual, e não fazia míngua mais lavagem para a levantar.

O Capitão, quando eles vieram, estava sentado em uma cadeira, aos pés uma alcatifa [*tapete*] por estrado; e bem-vestido, com um colar de ouro, mui grande, ao pescoço. E Sancho de Tovar, e Simão de Miranda, e Nicolau Coelho, e Aires Corrêa[20], e nós

---

[20] **Sancho de Tovar** (Castela, c. 1470 - Portugal, 1545) foi um navegador espanhol naturalizado português que fez parte da tripulação de Pedro Álvares Cabral. No Brasil, ele se destacou nas relações com os Tupiniquim. Em 24 de abril de 1500, ele levou dois meninos nativos para dormir em seu barco e lhes ofereceu vinho que, para sua surpresa, foi recusado. Quando a frota chegou à Índia, Sancho assumiu o comando da frota e protegeu Cabral de ataques. No regresso da Índia a Portugal, Tovar foi responsável pela escala na ilha de Sofala com as suas famosas minas de ouro. O seu navio, carregado de especiarias, encalhou e foi incendiado por ordem de Cabral.

**Simão de Miranda de Azevedo** (? – 1515) fazia parte de uma família nobre leal ao primeiro rei da dinastia de Avis, João I. Simão era casado com Joana Correa, filha de Aires Correia, que, como ele, fazia parte da frota de Cabral como intendente geral. Em 1512, Simão fez outra viagem à Índia na frota de Jorge de Melo.

**Nicolau Coelho**, nascido por volta de 1460 em Felgueiras, e falecido em 1502 ao largo da costa de Moçambique, foi o primeiro português a pisar no Brasil durante a expedição de Pedro Álvares Cabral. Participou na viagem de descoberta do caminho marítimo para as Índias, liderada por Vasco da Gama, onde comandou o navio Bérrio. Em 20 de março, ele foi pego por uma violenta tempestade perto de Cabo Verde. Separado dos outros navios, foi o primeiro a chegar ao Tejo com a boa notícia da chegada às Índias.

**Aires Correia** era o administrador das "gentes de armas", isto é, dos militares da expedição. Ele viria a ser administrador de Kozhikode na Índia, chamada pelos portugueses de Calicute. Era sogro de Simão de Miranda.

outros que aqui na nau com ele íamos, sentados no chão, nessa alcatifa. Acenderam-se tochas. E eles entraram. Mas nem sinal de cortesia fizeram, nem de falar ao Capitão; nem a alguém. Todavia um deles fitou o colar do Capitão, e começou a fazer acenos com a mão em direção à terra, e depois para o colar, como se quisesse dizer-nos que havia ouro na terra. E também olhou para um castiçal de prata e assim mesmo acenava para a terra e novamente para o castiçal, como se lá também houvesse prata!

Mostraram-lhes um papagaio pardo que o Capitão traz consigo; tomaram-no logo na mão e acenaram para a terra, como se os houvesse ali.

Mostraram-lhes um carneiro; não fizeram caso dele.

Mostraram-lhes uma galinha; quase tiveram medo dela, e não lhe queriam pôr a mão. Depois lhe pegaram, mas como espantados.

Deram-lhes ali de comer: pão e peixe cozido, confeitos, fartéis [*pastéis*], mel, figos em passa. Não quiseram comer daquilo quase nada; e se provavam alguma coisa, logo a lançavam fora.

Trouxeram-lhes vinho em uma taça; mal lhe puseram a boca; não gostaram dele nada, nem quiseram mais.

Trouxeram-lhes água em uma albarrada[21], provaram cada um o seu bochecho, mas não beberam; apenas lavaram as bocas e lançaram-na fora.

---

[21] A albarrada era um vaso de metal com uma só asa e tampa, muito característico daquela época.

A Carta

Viu um deles umas contas de rosário, brancas; fez sinal que lhas dessem, e folgou muito com elas, e lançou-as ao pescoço; e depois tirou-as e meteu-as em volta do braço, e acenava para a terra e novamente para as contas e para o colar do Capitão, como se dariam ouro por aquilo.

Isto tomávamos nós nesse sentido, por assim o desejarmos! Mas se ele queria dizer que levaria as contas e mais o colar, isto não queríamos nós entender, por que lho não havíamos de dar! E depois tornou as contas a quem lhas dera. E então estiraram-se de costas na alcatifa, a dormir sem procurarem maneiras de encobrir suas vergonhas, as quais não eram fanadas [*circuncisadas*]; e as cabeleiras delas estavam bem rapadas e feitas.

O Capitão mandou pôr por baixo da cabeça de cada um seu **coxim**; e o da cabeleira esforçava-se por não a estragar. E deitaram um manto por cima deles; e consentindo, aconchegaram-se e adormeceram.

Sábado pela manhã mandou o Capitão fazer vela, fomos demandar a entrada, a qual era mui larga e tinha seis a sete braças de fundo [*entre onze e treze metros*]. E entraram todas as naus dentro, e ancoraram em cinco ou seis braças [*entre nove e onze metros*] — ancoradouro que é tão grande e tão formoso de dentro, e tão seguro que podem ficar nele mais de duzentos navios e naus. E tanto que as naus foram distribuídas e ancoradas, vieram os capitães todos a esta nau do Capitão-mor

**Coxim**
Uma espécie de almofada.

Pero Vaz de Caminha

E daqui mandou o Capitão que Nicolau Coelho e Bartolomeu Dias[22] fossem em terra e levassem aqueles dois homens, e os deixassem ir com seu arco e setas, aos quais mandou dar a cada um uma camisa nova e uma carapuça vermelha e um rosário de contas brancas de osso, que foram levando nos braços, e um cascavel [*chocalho*] e uma campainha. E mandou com eles, para lá ficar, um mancebo degredado, criado de dom João Telo, de nome Afonso Ribeiro[23], para lá andar com eles e saber de seu

---

[22] Bartolomeu Dias, nascido por volta de 1450 em Mirandela, acompanhou Vasco da Gama durante sua viagem à Índia em 1497. Em 1500, veio com Pedro Álvares Cabral na famosa viagem ao Brasil. Quando a frota prosseguiu para as Índias, em maio de 1500, o navio de Bartolomeu Dias naufragou e ele desapareceu no Cabo da Boa Esperança. Bartolomeu Dias foi o primeiro navegador europeu a navegar até o extremo sul da África. A sua viagem foi continuada por Vasco da Gama, abrindo o caminho marítimo para a Índia. A carta de Pero Vaz de Caminha faz várias referências a este marinheiro, destacando a confiança que Cabral tinha nele.

[23] Pedro Álvares Cabral deixou dois degredados no Brasil. Um deles era Afonso Ribeiro e o outro pode ter sido João de Tomar, mas a identidade real é desconhecida. Os degredados eram condenados ao exílio e, no caso do Brasil, a ideia era que eles fossem viver com os indígenas e aprender com eles sobre a nova terra. Afonso foi condenado à deportação por ser "culpado de morte", ou seja, acusado de cometer um assassinato. Ele foi criado de João de Telo e estava prestes a se casar com Elena Gonçalves, que, desiludida com o noivo, fez votos religiosos. Foi registrado por Valentim Fernandes, tabelião régio, que os dois exilados ficaram vinte meses no Brasil, vivendo com os indígenas. É provável que tenham sido resgatados durante a expedição de Gonçalo Coelho em 1501 e 1502. Conta-se também, pouco depois do regresso de Cabral, que Afonso Ribeiro, no auge do seu desespero, pegou uma piroga e tentou alcançar a frota, remando atrás dos navios até ficar exausto.

... mandou o Capitão a Nicolau Coelho e Bartolomeu Dias que fossem em terra e levassem aqueles dois homens e os deixassem ir com seu arco e setas,

Fomos assim de frecha direitos à praia.

Ali acudiram logo obra de duzentos homens,...

...todos nus, e com arcos e setas nas mãos.

> Os indígenas de nações como os tupinambás costumavam furar os lábios e colocar, no orifício, pedras redondas e coloridas. As borrachas, a que se refere Caminha, eram odres de couro que serviam de frascos. A tampa ou fecho da borracha tem o nome de espelho.

viver e maneiras. E a mim mandou que fosse com Nicolau Coelho. Fomos assim de frecha direitos à praia. Ali acudiram logo perto de duzentos homens, todos nus, com arcos e setas nas mãos. Aqueles que nós levamos acenaram-lhes que se afastassem e depusessem os arcos. E eles os depuseram. Mas não se afastaram muito. E mal tinham pousado seus arcos quando saíram os que nós levávamos, e o mancebo degredado com eles. E saídos não pararam mais; nem esperavam um pelo outro, mas antes corriam a quem mais correria. E passaram um rio que aí corre, de água doce, de muita água que lhes dava pela braga[24]. E muitos outros com eles. E foram assim correndo para além do rio entre umas moitas de palmeiras onde estavam outros. E ali pararam. E naquilo tinha ido o degredado com um homem que, logo ao sair do batel, o agasalhou e levou até lá. Mas logo o tornaram a nós. E com ele vieram os outros que nós leváramos, os quais vinham já nus e sem carapuças.

E então se começaram de chegar muitos; e entravam pela beira do mar para os batéis, até que mais não podiam. E traziam cabaças d'água, e tomavam alguns barris que nós levávamos e enchiam-nos de água e traziam-nos aos batéis. Não que eles de todo chegassem a bordo do batel. Mas junto a ele,

---

[24] Bragas eram calções largos e curtos, que não passavam dos joelhos. No texto, braga está em sentido figurado, por coxa, a parte do corpo coberta pelas bragas.

## A Carta

lançavam-nos da mão. E nós tomávamo-los. E pediam que lhes dessem alguma coisa.

Levava Nicolau Coelho cascavéis e manilhas. E a uns dava um cascavel, e a outros uma manilha, de maneira que com aquela encarna quase que nos queriam dar a mão. Davam-nos daqueles arcos e setas em troca de sombreiros e carapuças de linho, e de qualquer coisa que a gente lhes queria dar.

Dali se partiram os outros, dois mancebos, que não os vimos mais.

Dos que ali andavam, muitos — quase a maior parte — traziam aqueles bicos de osso nos beiços.

E alguns, que andavam sem eles, traziam os beiços furados e nos buracos traziam uns espelhos de pau, que pareciam espelhos de **borracha**. E alguns deles traziam três daqueles bicos, a saber um no meio, e os dois nos cabos.

E andavam lá outros, quartejados de cores, a saber metade deles da sua própria cor, e metade de tintura preta, um tanto azulada; e outros quartejados d'escaques[25].

---

[25] Isto é, divididos em quadradinhos, como o tabuleiro de xadrez. A pintura corporal indígena é uma marca importante para esses povos. Eles trazem no corpo e no rosto a identidade cultural de sua nação. As pinturas são as marcas de muitas etnias e são diferentes para cada ocasião. Seu significado depende de cada etnia, e os desenhos demonstram sentimentos, desde os mais felizes até os de revolta, luto e indignação. As tintas são feitas de elementos naturais, como urucum e jenipapo, e podem manter-se na pele por um período de 15 a 20 dias.

Ali andavam entre eles três ou quatro moças, bem novinhas e gentis, com cabelos muito pretos e compridos pelas costas; e suas vergonhas, tão altas e tão cerradinhas e tão limpas das cabeleiras que, de as nós muito bem olharmos, não se envergonhavam.

Ali por então não houve mais fala ou entendimento com eles, por a berberia deles ser tamanha que se não entendia nem ouvia ninguém[26]. Acenamos-lhes que se fossem. E assim o fizeram e passaram-se para além do rio. E saíram três ou quatro homens nossos dos batéis, e encheram não sei quantos barris d'água que nós levávamos. E tornamo-nos às naus. E quando assim vínhamos, acenaram-nos que voltássemos. Voltamos, e eles mandaram o degredado e não quiseram que ficasse lá com eles, o qual levava uma bacia pequena e duas ou três carapuças vermelhas para lá as dar ao senhor, se o lá houvesse. Não trataram de lhe tirar coisa alguma, antes mandaram-no com tudo. Mas então Bartolomeu Dias o fez outra vez tornar, que lhe desse aquilo. E ele tornou e deu aquilo, em vista de nós, a aquele que o da primeira agasalhara. E então veio-se, e nós levamo-lo.

Esse que o agasalhou era já de idade, e andava por galanteria, cheio de penas, pegadas pelo corpo, que parecia cravado de setas como São Sebastião. Outros traziam carapuças de penas amarelas; e

---

[26] Berberia é o mesmo que barbárie, falta de civilização que, aqui, significa falatório interminável em língua ininteligível e voz muito alta.

outros, de vermelhas; e outros de verdes. E uma daquelas moças era toda tingida de baixo a cima, daquela tintura e certo era tão bem feita e tão redonda, e sua vergonha tão graciosa que a muitas mulheres de nossa terra, vendo-lhe tais feições envergonhara, por não terem as suas como ela. Nenhum deles era fanado [*circuncisado*], mas todos assim como nós.

E com isto nos tornamos, e eles foram-se.

À tarde saiu o Capitão-mor em seu batel com todos nós outros capitães das naus em seus batéis a folgar pela baía, perto da praia. Mas ninguém saiu em terra, por o Capitão o não querer, apesar de ninguém estar nela. Apenas saiu — ele com todos nós — em um ilhéu grande que está na baía, o qual, aquando baixamar, fica mui vazio. Com tudo está de todas as partes cercado de água, de sorte que ninguém lá pode ir, a não ser de barco ou a nado. Ali folgou ele, e todos nós, bem uma hora e meia. E pescaram lá, andando alguns marinheiros com um **chinchorro**; e mataram peixe miúdo, não muito. E depois volvemo-nos às naus, já bem noite.

Ao domingo de Pascoela pela manhã, determinou o Capitão ir ouvir missa e sermão naquele ilhéu. E mandou a todos os capitães que se arranjassem nos batéis e fossem com ele. E assim foi feito. Mandou armar um pavilhão naquele ilhéu, e dentro levantar um altar mui bem arranjado. E ali com todos nós outros fez dizer missa, a qual disse o padre frei Henrique, em voz entoada, e

**CAMINHA EXPLICA**

**Chinchorro**
Rede de arrasto também usada para pescar em alto-mar.

Somente saiu - ele com todos nós - em um ilhéu grande, que na baía está e que na baixa-mar fica mui vazio. Porém é por toda a parte cercado de água...

... de sorte que ninguém lá pode ir, a não ser de barco ou a nado.

Ao domingo de Pascoela pela manhã, determinou o Capitão de ir ouvir missa e pregação naquele ilhéu.

E assim foi feito.

## A Carta

oficiada com aquela mesma voz pelos outros padres e sacerdotes que todos assistiram, a qual missa, segundo meu parecer, foi ouvida por todos com muito prazer e devoção[27].

Ali estava com o Capitão a bandeira de Cristo, com que saíra de Belém, a qual esteve sempre bem alta, da parte do Evangelho.

Acabada a missa, desvestiu-se o padre e subiu a uma cadeira alta; e nós todos lançados por essa areia. E pregou uma solene e proveitosa pregação, da história evangélica; e no fim tratou da nossa vida, e do achamento desta terra, referindo-se à Cruz, sob cuja obediência viemos, que veio muito a propósito, e fez muita devoção.

Enquanto assistimos à missa e ao sermão, estaria na praia outra tanta gente, pouco mais ou menos, como a de ontem, com seus arcos e setas, e andava folgando. E olhando-nos, sentaram. E depois de acabada a missa, quando nós sentados atendíamos a pregação, levantaram-se muitos deles e tangeram

---

[27] A primeira missa no Brasil foi celebrada por Henrique de Coimbra em 26 de abril de 1500, um domingo, no local identificado pelos pesquisadores como a praia da Coroa Vermelha, em Santa Cruz Cabrália, litoral sul da Bahia. Foi um dos marcos iniciais da história do Brasil. O frei Henrique Soares de Coimbra (? - 1532) foi confessor do rei Dom João II e missionário na Índia e na África. Na expedição de Pedro Álvares Cabral, o frei Henrique liderava um grupo de religiosos que iam para as missões do Oriente. Já em Calicute, após o descobrimento do Brasil e a viagem até a Índia, cinco dos oito religiosos foram mortos pelos muçulmanos. Por causa do fracasso da missão, Henrique de Coimbra voltou a Portugal.

**Almadias**
Canoas compridas geralmente escavadas no tronco de uma árvore.

corno ou buzina e começaram a saltar e dançar um pedaço. E alguns deles se metiam em **almadias** — duas ou três que lá tinham — as quais não são feitas como as que eu vi; apenas são três traves, atadas juntas. E ali se metiam quatro ou cinco, ou esses que queriam, não se afastando quase nada da terra, só até onde podiam tomar pé.

Acabada a pregação encaminhou-se o Capitão, com todos nós, para os batéis, com nossa bandeira alta. Embarcamos e fomos indo todos em direção à terra para passarmos ao longo por onde eles estavam, indo na dianteira, por ordem do Capitão, Bartolomeu Dias em seu esquife, com um pau de uma almadia que lhes o mar levara, para o entregar a eles. E nós todos trás dele, a distância de um tiro de pedra.

Como viram o esquife de Bartolomeu Dias, chegaram-se logo todos à água, metendo-se nela até onde mais podiam. Acenaram-lhes que pousassem os arcos e muitos deles os iam logo pôr em terra; e outros não os punham.

Andava lá um que falava muito aos outros, que se afastassem. Mas não já que a mim me parecesse que lhe tinham respeito ou medo. Este que os assim andava afastando trazia seu arco e setas. Estava tinto de tintura vermelha pelos peitos e costas e pelos quadris, coxas e pernas até baixo, mas os vazios com a barriga e estômago eram de sua própria cor. E a tintura era tão vermelha

## A Carta

que a água lha não comia nem desfazia. Antes, quando saía da água, era mais vermelho. Saiu um homem do esquife de Bartolomeu Dias e andava no meio deles, sem implicarem nada com ele, e muito menos ainda pensavam em fazer-lhe mal. Apenas lhe davam cabaças d'água; e acenavam aos do esquife que saíssem em terra. Com isto se volveu Bartolomeu Dias ao Capitão. E viemo-nos às naus, a comer, tangendo trombetas e gaitas, sem os mais constranger. E eles tornaram-se a sentar na praia, e assim por então ficaram.

Neste ilhéu, onde fomos ouvir missa e sermão, espraia muito a água e descobre muita areia e muito cascalho. Enquanto lá estávamos foram alguns buscar marisco e não no acharam. Mas acharam alguns camarões grossos e curtos, entre os quais vinha um muito grande e muito grosso; que em nenhum tempo o vi tamanho[28]. Também acharam cascas de berbigões e de amêijoas, mas não toparam com nenhuma peça inteira. E depois de termos comido vieram logo todos os capitães a esta nau, por ordem do Capitão-mor, com os quais ele se aportou; e eu na companhia. E perguntou a todos se nos parecia bem mandar a nova do achamento desta terra a Vossa Alteza pelo navio dos mantimentos, para a melhor mandar descobrir e saber

---

[28] Provavelmente eram camarões da espécie *Penaeus brasiliensis*, ou da espécie *Penaeus setiferus*, que chegam a atingir vinte centímetros de comprimento e se encontram na costa do Brasil.

E perguntou a todos se nos parecia bem mandar a nova do achamento desta terra a Vossa Alteza pelo navio dos mantimentos...

...perguntou mais se lhes parecia bem

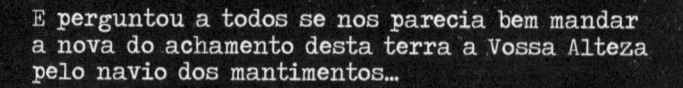

...tomar aqui por força um par destes homens para os mandar a Vossa Alteza...

..portanto, não cuidassem de aqui tomar ninguém por força...

... senão somente deixar aqui os dois degredados, quando daqui partíssemos

## A Carta

dela mais do que nós podíamos saber, por irmos na nossa viagem[29].

E entre muitas falas que sobre o caso se fizeram foi dito, por todos ou a maior parte, que seria muito bem. E nisto concordaram. E logo que a resolução foi tomada, perguntou mais, se seria bem tomar aqui por força um par destes homens para os mandar a Vossa Alteza, deixando aqui em lugar deles outros dois destes degredados.

E concordaram em que não era necessário tomar por força homens, porque costume era dos que assim à força levavam para alguma parte dizerem que há de tudo quanto lhes perguntam; e que melhor e muito melhor informação da terra dariam dois homens desses degredados que aqui deixássemos do que eles dariam se os levassem por ser gente que ninguém entende. Nem eles cedo aprenderiam a falar para o saberem tão bem dizer que muito melhor estes outros o não digam quando cá Vossa Alteza mandar.

E que portanto não cuidássemos de aqui por força tomar ninguém, nem fazer escândalo; mas sim, para os de todo amansar e apaziguar, unicamente de deixar aqui os dois degredados quando daqui partíssemos.

E assim ficou determinado por parecer melhor a todos.

---

[29] A principal missão da frota de Cabral era chegar a Calicute, na Índia, e lá estabelecer uma feitoria, isto é, um entreposto comercial. Antes, porém, a expedição veio reconhecer as terras que existiam a oeste, garantidas a Portugal pelo Tratado de Tordesilhas.

**O mancal era um jogo,** também chamado de jogo de malha, muito comum em Portugal e em outros países europeus. O mancal é um pino que fica em uma das bases que deve ser derrubado com uma malha, um disco de ferro ou de madeira, lançado pelo jogador. Aqui, Caminha quer dizer que a largura era de cerca de oito a dez metros.

Acabado isto, disse o Capitão que fôssemos nos batéis em terra. E ver-se-ia bem, quejando [*de que modo*] era o rio. Mas também para folgarmos.

Fomos todos nos batéis em terra, armados; e a bandeira conosco. Eles andavam ali na praia, à boca do rio, para onde nós íamos; e, antes que chegássemos, pelo ensino que dantes tinham, puseram todos os arcos, e acenaram que saíssemos. Mas, tanto que os batéis puseram as proas em terra, passaram-se logo todos além do rio, o qual não é mais ancho [*largo*] que um jogo de **mancal**. E tanto que desembarcamos, alguns dos nossos passaram logo o rio, e meteram-se entre eles. E alguns aguardavam; e outros se afastavam. Com tudo, a coisa era de maneira que todos andavam misturados. Eles davam desses arcos com suas setas por sombreiros e carapuças de linho, e por qualquer coisa que lhes davam. Passaram além tantos dos nossos e andaram assim misturados com eles, que eles se esquivavam, e afastavam-se; e iam alguns para cima, onde outros estavam. E então o Capitão fez que o tomassem ao colo dois homens e passou o rio, e fez tornar a todos. A gente que ali estava não seria mais que aquela do costume. Mas logo que o Capitão chamou todos para trás, alguns se chegaram a ele, não por o reconhecerem por Senhor, mas porque a gente, nossa, já passava para aquém do rio. Ali falavam e traziam muitos arcos e continhas, daquelas já ditas, e resgatavam-nas por qualquer coisa, de tal

## A Carta

maneira que os nossos levavam dali para as naus muitos arcos, e setas e contas.

E então tornou-se o Capitão para aquém do rio. E logo acudiram muitos à beira dele.

Ali veríeis galantes, pintados de preto e vermelho, e quartejados, assim pelos corpos como pelas pernas, que, certo, assim pareciam bem. Também andavam entre eles quatro ou cinco mulheres, novas, que assim nuas, não pareciam mal. Entre elas andava uma, com uma coxa, do joelho até o quadril e a nádega, toda tingida daquela tintura preta; e todo o resto da sua cor natural. Outra trazia ambos os joelhos com as curvas assim tintas, e também os colos dos pés; e suas vergonhas tão nuas, e com tanta inocência assim descobertas, que não havia nisso desvergonha nenhuma.

Também andava lá outra mulher, nova, com um menino ou menina, atado com um pano aos peitos, de modo que não se lhe viam senão as perninhas. Mas nas pernas da mãe, e no resto, não havia pano algum.

Em seguida o Capitão foi subindo ao longo do rio, que corre rente à praia. E ali esperou por um

> ...e suas vergonhas tão nuas, e com tanta inocência assim descobertas, que não havia nisso desvergonha nenhuma.

velho que trazia na mão uma pá de almadia [*remo*].[30] Falou, enquanto o Capitão estava com ele, na presença de todos nós; mas ninguém o entendia, nem ele a nós, por mais coisas que a gente lhe perguntava com respeito a ouro, porque desejávamos saber se o havia na terra.

Trazia este velho o beiço tão furado que lhe cabia pelo buraco um grosso dedo polegar. E trazia metido no buraco uma pedra verde, de nenhum valor, que fechava por fora aquele buraco. E o Capitão lha fez tirar. E ele não sei que diabo falava e ia com ela para a boca do Capitão para lha meter. Estivemos rindo um pouco e dizendo chalaças sobre isso. E então enfadou-se o Capitão, e deixou-o. E um dos nossos deu-lhe pela pedra um sombreiro velho; não por ela valer alguma coisa, mas para amostra. E depois houve-a o Capitão, creio, para mandar com as outras coisas a Vossa Alteza.

Andamos por aí vendo o ribeiro, o qual é de muita água e muito boa. Ao longo dele há muitas

---

[30] Entre os indígenas não há classes sociais. Todos têm os mesmos direitos e recebem o mesmo tratamento. A terra pertence a todos, e apenas os machados, arcos, flechas, arpões são de propriedade individual. O trabalho na aldeia é realizado por todos, porém possui uma divisão por sexo e idade. Duas figuras importantes na organização das aldeias são o pajé e o cacique. O pajé conhece todos os rituais e recebe as mensagens dos deuses. É também o curandeiro, com seu conhecimento das plantas medicinais e ritos de cura. O cacique é aquele que, devido ao respeito e experiência reconhecidos pelos membros da comunidade, organiza e orienta os indígenas. A ideia de chefe ou líder existente na nossa cultura é desconhecida pelos povos nativos.

Eles andavam ali na praia, à boca do rio, para onde nós íamos; e, antes que chegássemos, pelo ensino que dantes tinham, puseram todos os arcos, e acenavam que saíssemos.

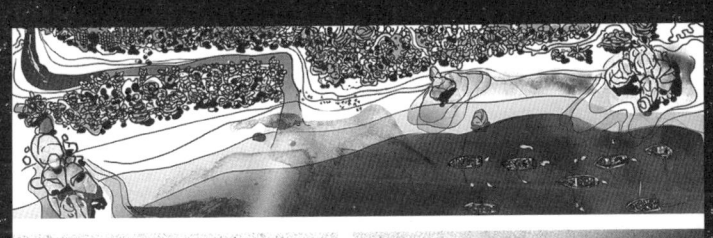

Mas, tanto que os batéis puseram as proas em terra...

...passaram-se logo todos além do rio

...o Capitão fez que dois homens o tomassem...

...ao colo, passou o rio...

Andamos por aí vendo a ribeira...

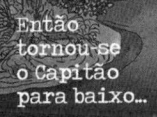

Então tornou-se o Capitão para baixo...

...para a boca do rio...

.Além do rio, andavam muitos deles dançando
e folgando, uns diante dos outros.
Passou-se então além do rio Diogo Dias,

...homem gracioso
e de prazer; e levou
consigo um gaiteiro...

...fez-lhes ali, muitas voltas ligeiras,
e salto real, de que eles se espantavam e riam...

palmeiras, não muito altas; e muito bons palmitos. Colhemos e comemos muitos deles.

Depois tornou-se o Capitão para baixo para a boca do rio, onde tínhamos desembarcado.

E além do rio andavam muitos deles dançando e folgando, uns diante os outros, sem se tomarem pelas mãos. E faziam-no bem. Passou-se então para a outra banda do rio Diogo Dias[31], que fora almoxarife de Sacavém, o qual é homem gracioso e de prazer. E levou consigo um gaiteiro nosso com sua gaita. E meteu-se a dançar com eles, tomando-os pelas mãos; e eles folgavam e riam e andavam com ele muito bem ao som da gaita. Depois de dançarem fez ali muitas voltas ligeiras, andando no chão, e salto real, de que se eles espantavam e riam e folgavam

---

[31] Diogo Dias (c. 1450 – após 1500) era um dos mais experientes navegadores da frota de Cabral. Foi capitão do navio de abastecimento da expedição comandada por seu irmão Bartolomeu Dias – o primeiro navegador a cruzar o Cabo da Boa Esperança. Diogo Dias também participou na descoberta da rota marítima de Portugal para a Índia como cronista no navio de Vasco da Gama. Responsável pelas recém-criadas feitorias portuguesas em Calcutá, foi feito prisioneiro pelas autoridades locais e conseguiu fugir. Em seguida, participou da expedição de Pedro Álvares Cabral à Índia e fez parte do grupo que desembarcou em abril de 1500 no atual Brasil. Depois de a frota zarpar do Brasil, devido a uma forte tempestade, o navio de Diogo Dias foi separado da frota de Pedro Álvares Cabral em maio de 1500 no Cabo da Boa Esperança. O navegador, então, explorou as águas do Oceano Índico na entrada do Mar Vermelho. Provavelmente, foi o descobridor, por volta de julho de 1500, das ilhas de Reunião e Maurício e, em agosto daquele ano, foi o primeiro europeu a avistar Madagascar, que chamou de Ilha de São Lourenço. Depois disso, voltou a Portugal, encontrando no caminho alguns navios da expedição de Cabral que voltavam da Índia. A data e o local de sua morte são desconhecidos.

muito. E conquanto com aquilo os segurou e afagou muito, tomavam logo uma esquiveza como de animais monteses, e foram-se para cima.

E então passou o rio o Capitão com todos nós, e fomos pela praia, de longo, ao passo que os batéis iam rentes à terra. E chegamos a uma grande lagoa de água doce que está perto da praia, porque toda aquela ribeira do mar é apaulada por cima e sai a água por muitos lugares.

E depois de passarmos o rio, foram uns sete ou oito deles meter-se entre os marinheiros que se recolhiam aos batéis. E levaram dali um tubarão que Bartolomeu Dias matou. E levavam-lho; e lançou-o na praia.

Bastará que até aqui, como quer que se lhes em alguma parte amansassem, logo de uma mão para outra se esquivavam, como pardais do cevadouro[32]. Ninguém não lhes ousa falar de rijo para não se esquivarem mais. E tudo se passa como eles querem — para os bem amansarmos!

Ao velho com quem o Capitão havia falado, deu-lhe uma carapuça vermelha. E com toda a conversa que com ele houve, e com a carapuça que lhe deu tanto que se despediu e começou a passar o rio, foi-se logo recatando. E não quis mais tornar do rio para aquém. Os outros dois o Capitão teve nas naus, aos quais deu o que já ficou dito, nunca

---

[32] Cevadouro é uma isca para atrair pássaros.

mais aqui apareceram — fatos de que deduzo que é gente bestial e de pouco saber, e por isso tão esquiva. Mas apesar de tudo isso andam bem curados [*com boa saúde*], e muito limpos. E naquilo ainda mais me convenço que são como aves, ou alimárias montesinhas, as quais o ar faz melhores penas e melhor cabelo que às mansas, porque os seus corpos são tão limpos e tão gordos e tão formosos que não pode ser mais! E isto me faz presumir que não tem casas nem moradias em que se recolham; e o ar em que se criam os faz tais. Nós pelo menos não vimos até agora nenhumas casas, nem coisa que se pareça com elas.

Mandou o Capitão aquele degredado, Afonso Ribeiro, que se fosse outra vez com eles. E foi; e andou lá um bom pedaço, mas a tarde regressou, que o fizeram eles vir: e não o quiseram lá consentir. E deram-lhe arcos e setas; e não lhe tomaram nada do seu. Antes, disse ele, que lhe tomara um deles umas continhas amarelas que levava e fugia com elas, e ele se queixou e os outros foram logo após ele, e lhas tomaram e tornaram-lhas a dar; e então mandaram-no vir. Disse que não vira lá entre eles senão umas choupaninhas de rama verde e de feteiras muito grandes, como as de **Entre Douro e Minho** [*regiões de Portugal*]. E assim nos tornamos às naus, já quase noite, a dormir.

Segunda-feira, depois de comer, saímos todos em terra a tomar água. Ali vieram então muitos;

**Entre-Douro-
-e-Minho**
Província histórica de Portugal no tempo da monarquia portuguesa. Atualmente é composta pelos atuais distritos de Viana do Castelo, Braga, Porto e parte dos distritos de Aveiro, Viseu e Vila Real.

mas não tantos como as outras vezes. E traziam já muito poucos arcos. E estiveram um pouco afastados de nós; mas depois pouco a pouco misturaram-se conosco; e abraçavam-nos e folgavam; mas alguns deles se esquivavam logo. Ali davam alguns arcos por folhas de papel e por alguma carapucinha velha e por qualquer coisa. E de tal maneira se passou a coisa que bem vinte ou trinta pessoas das nossas se foram com eles para onde outros muitos deles estavam com moças e mulheres. E trouxeram de lá muitos arcos e barretes de penas de aves, uns verdes, outros amarelos, dos quais creio que o Capitão há de mandar uma amostra a Vossa Alteza.

E segundo diziam esses que lá tinham ido, brincaram com eles. Neste dia os vimos mais de perto e mais à nossa vontade, por andarmos quase todos misturados: uns andavam quartejados daquelas tinturas, outros de metades, outros de tanta feição como em pano de rãs[33], e todos com os beiços furados, muitos com os ossos neles, e bastantes sem ossos. Alguns traziam uns ouriços verdes, de árvores, que na cor queriam parecer de castanheiras, embora fossem muito mais pequenos. E estavam cheios de uns grãos vermelhos, pequeninos que, esmagando-se entre os dedos, se desfaziam na tinta

---

[33] Ou "panos de armar": tapeçarias, floridas ou estampadas, de cores variadas, com as quais se forravam salas e câmaras. Assim, Caminha quer dizer que as pinturas corporais dos indígenas eram como as de uma tapeçaria.

muito vermelha de que **andavam tingidos**. E quanto mais se molhavam, tanto mais vermelhos ficavam.

Todos andam rapados até por cima das orelhas; assim mesmo de sobrancelhas e pestanas.

Trazem todos as testas, de fonte a fonte, tintas de tintura preta, que parece uma fita preta da largura de dois dedos.

E o Capitão mandou aquele degredado Afonso Ribeiro e a outros dois degredados que fossem meter-se entre eles; e assim mesmo a Diogo Dias, por ser homem alegre, com que eles folgavam. E aos degredados ordenou que ficassem lá esta noite.

Foram-se lá todos; e andaram entre eles. E segundo depois diziam, foram bem uma légua e meia [*c. sete quilômetros*] a uma povoação, em que haveria nove ou dez casas, as quais diziam que eram tão compridas, cada uma, como esta nau capitaina. E eram de madeira, e das ilhargas de tábuas, e cobertas de palha, de razoável altura; e todas de um só espaço, sem repartição alguma, tinham de dentro muitos esteios; e de esteio a esteio uma rede atada com cabos em cada esteio, altas, em que dormiam. E de baixo, para se aquentarem, faziam seus fogos. E tinha cada casa duas portas pequenas, uma numa extremidade, e outra na oposta. E diziam que em cada casa se recolhiam trinta ou quarenta pessoas, e que assim os encontraram; e que lhes deram de comer dos alimentos que tinham, a saber muito inhame, e outras sementes que na terra dá, que eles comem.

**Caminha se refere ao urucum**, cujo fruto usado pelos indígenas para fabricar a tintura vermelha que utilizam para proteger a pele contra o sol e contra picadas de insetos e para embelezar seus corpos.

> **Cunha**
> Ferramenta que ajuda a mudar a direção de forças para auxiliar em algum trabalho, por exemplo: rachar um tronco de madeira ao meio.

E como se fazia tarde fizeram-nos logo todos tornar; e não quiseram que lá ficasse nenhum. E ainda, segundo diziam, queriam vir com eles. Resgataram lá por cascavéis e outras coisinhas de pouco valor, que levavam, papagaios vermelhos, muito grandes e formosos, e dois verdes pequeninos, e carapuças de penas verdes, e um pano de penas de muitas cores, espécie de tecido assaz belo, segundo Vossa Alteza todas estas coisas verá, porque o Capitão vo-las há de mandar, segundo ele disse. E com isto vieram; e nós tornamo-nos às naus.

Terça-feira, depois de comer, fomos em terra, fazer lenha, e para lavar roupa. Estavam na praia, quando chegamos, uns sessenta ou setenta, sem arcos e sem nada. Tanto que chegamos, vieram logo para nós, sem se esquivarem. E depois acudiram muitos, que seriam bem duzentos, todos sem arcos. E misturaram-se todos tanto conosco que uns nos ajudavam a acarretar lenha e metê-las nos batéis. E lutavam com os nossos, e tomavam com prazer. E enquanto fazíamos a lenha, construíam dois carpinteiros uma grande cruz de um pau que se ontem para isso cortara. Muitos deles vinham ali estar com os carpinteiros. E creio que o faziam mais para verem a ferramenta de ferro com que a faziam do que para verem a cruz, porque eles não tem coisa que de ferro seja, e cortam sua madeira e paus com pedras feitas como **cunhas**, metidas em um pau entre duas talas, mui bem atadas e por tal

E o Capitão mandou aquele degredado Afonso Ribeiro e a outros dois degredados, que fossem lá andar entre eles; e assim a Diogo Dias,

...por ser homem ledo, com que eles folgavam.

...andaram entre eles...foram bem uma légua e meia...

...a uma povoação, em que haveria nove ou dez casas...

maneira que andam fortes, porque lhas viram lá. Era já a conversação deles conosco tanta que quase nos estorvavam no que havíamos de fazer.

E o Capitão mandou a dois degredados e a Diogo Dias que fossem lá à aldeia e que de modo algum viessem a dormir às naus, ainda que os mandassem embora. E assim se foram.

Enquanto andávamos nessa mata a cortar lenha, atravessavam alguns papagaios essas árvores; verdes uns, e pardos, outros, grandes e pequenos, de sorte que me parece que haverá muitos nesta terra[34]. Todavia os que vi não seriam mais que nove ou dez, quando muito. Outras aves não vimos então, a não ser algumas pombas-seixeiras, e pareceram-me maiores bastante do que as de Portugal. Vários diziam que viram rolas, mas eu não as vi. Todavia segundo os arvoredos são muitos e grandes, e de infinitas espécies, não duvido que por esse sertão haja muitas aves!

E cerca da noite nós volvemos para as naus com nossa lenha.

Eu creio, Senhor, que não dei ainda conta aqui a Vossa Alteza do feitio de seus arcos e setas. Os arcos são pretos e compridos, e as setas compridas;

---

[34] A grande quantidade de diferentes espécies de papagaios que os navegadores encontraram no Brasil os fez apelidarem o local onde aportaram de Terra dos Papagaios. Em 1501, quando a armada de Cabral chegou da Índia, a nova terra foi chamada de Terra dos Papagaios, e assim aparece no globo de Schöner, de 1520, e no de Ptolomeu, de 1522.

## A Carta

e os ferros delas são canas aparadas, conforme Vossa Alteza verá alguns que creio que o Capitão a Ela há de enviar.

Quarta-feira não fomos em terra, porque o Capitão andou todo o dia no navio dos mantimentos a despejá-lo e fazer levar às naus isso que cada um podia levar. Eles acudiram [foram] à praia, muitos, segundo das naus vimos. Seriam perto de trezentos, segundo Sancho de Tovar que para lá foi. Diogo Dias e Afonso Ribeiro, o degredado, aos quais o Capitão ontem ordenara que de toda maneira lá dormissem, tinham voltado já de noite, por eles não quererem que lá ficassem. E traziam papagaios verdes; e outras aves pretas, quase como pegas, com a diferença de terem o bico branco e rabos curtos. E quando Sancho de Tovar recolheu à nau, queriam vir com ele, alguns; mas ele não admitiu senão dois mancebos, bem-dispostos e homens de prol [isto é, que trazem vantagens]. Mandou pensar e curá-los mui bem essa noite. E comeram toda a ração que lhes deram, e mandou dar-lhes cama de lençóis, segundo ele disse. E dormiram e folgaram aquela noite. E não houve mais este dia que para escrever seja.

Quinta-feira, derradeiro de abril, comemos logo, quase pela manhã, e fomos em terra por mais lenha e água. E em querendo o Capitão sair desta nau, chegou Sancho de Tovar com seus dois hóspedes. E por ele ainda não ter comido, puseram-lhe toalhas, e veio-lhe comida. E comeu. Os hóspedes, sentaram-no cada um em sua cadeira. E de tudo quanto lhes deram, comeram mui bem, especialmente lacão[35] cozido frio, e arroz. Não lhes deram vinho por Sancho de Tovar dizer que o não bebiam bem.

Acabado o comer, metemo-nos todos no batel, e eles conosco. Deu um grumete a um deles uma armadura grande de porco montês [*uma presa de javali*], bem revolta [*curva*]. E logo que a tomou meteu-a no beiço; e porque se lhe não queria segurar, deram-lhe uma pouca de cera vermelha. E ele ajeitou-lhe seu adereço da parte de trás de sorte que segurasse, e meteu-a no beiço, assim revolta para cima; e ia tão contente com ela, como se tivesse uma grande joia. E tanto que saímos em terra, foi-se logo com ela. E não tornou a aparecer lá.

Andariam na praia, quando saímos, oito ou dez deles; e de aí a pouco começaram a vir. E parece-me que viriam este dia a praia quatrocentos ou quatrocentos e cinquenta. Alguns deles traziam arcos e setas; e deram tudo em troca de carapuças e por qualquer coisa que lhes davam. Comiam conosco do que lhes dávamos, e alguns deles bebiam vinho, ao passo que outros o não podiam beber. Mas quer-me parecer que, se os acostumarem, o hão de beber de

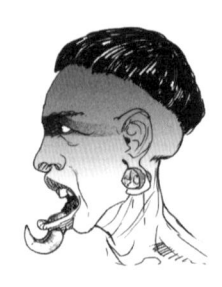

---

[35] O lacão é um tipo de presunto feito com a carne das patas dianteiras do porco, uma comida típica de Portugal.

## A Carta

boa vontade! Andavam todos tão bem-dispostos e tão bem-feitos e galantes com suas pinturas que agradavam. Acarretavam dessa lenha quanta podiam, com mil boas vontades, e levavam-na aos batéis. E estavam já mais mansos e seguros entre nós do que nós estávamos entre eles.

Foi o Capitão com alguns de nós um pedaço por este arvoredo até um ribeiro grande, e de muita água, que ao nosso parecer é o mesmo que vem ter à praia, em que nós tomamos água. Ali descansamos um pedaço, bebendo e folgando, ao longo dele, entre esse arvoredo que é tanto e tamanho e tão basto e de tanta qualidade de folhagem que não se pode calcular. Há lá muitas palmeiras, de que colhemos muitos e bons palmitos.

Ao sairmos do batel, disse o Capitão que seria bom irmos em direitura à cruz que estava encostada a uma árvore, junto ao rio, a fim de ser colocada amanhã, sexta-feira, e que nos puséssemos todos de joelhos e a beijássemos para eles verem o acatamento que lhe tínhamos. E assim

> Andavam todos tão bem-dispostos e tão bem-feitos e galantes com suas pinturas que agradavam.

fizemos. E a esses dez ou doze que lá estavam, acenaram-lhes que fizessem o mesmo; e logo foram todos beijá-la.

Parece-me gente de tal inocência que, se nós entendêssemos a sua fala e eles a nossa, seriam logo cristãos, visto que não têm nem entendem crença alguma, **segundo as aparências**. E portanto se os degredados que aqui hão de ficar aprenderem bem a sua fala e os entenderem, não duvido que eles, segundo a santa tenção de Vossa Alteza, se farão cristãos e hão de crer na nossa santa fé, à qual praza a Nosso Senhor que os traga, porque certamente esta gente é boa e de bela simplicidade. E imprimir-se-á facilmente neles qualquer cunho que lhe quiserem dar, uma vez que Nosso Senhor lhes deu bons corpos e bons rostos, como a homens bons. E Ele nos para aqui trazer creio que não foi sem causa. E portanto Vossa Alteza, pois tanto deseja acrescentar a santa fé católica, deve cuidar da salvação deles. E prazerá a Deus que com pouco trabalho seja assim![36]

Eles não lavram nem criam. Nem há aqui boi ou vaca, cabra, ovelha ou galinha, ou qualquer outro

---

**CAMINHA EXPLICA**

**As nações tupis tinham,** sim, cerimônias religiosas, quase sempre conduzidas pelos pajés, que também eram profetas e intermediários entre os homens e os espíritos (xamãs). Em seus rituais, usavam maracás, chocalhos que personalizavam espíritos. Nos mitos de todos os povos tupis, também eram comuns as referências a "heróis", divindades que haviam criado a sua civilização.

---

[36] Embora o encontro entre os membros da expedição de Cabral e os tupis tenha sido pacífico, logo no início da colonização os portugueses escravizaram os indígenas e os perseguiram, causando o extermínio dos povos que habitavam o litoral. Quando da chegada dos portugueses, calcula-se que a população indígena era de aproximadamente 6 milhões. Hoje, são cerca de 900 mil, ou 0,5% da população total.

## A Carta

animal que esteja acostumado ao viver do homem. E não comem senão deste inhame, de que aqui há muito, e dessas sementes e frutos que a terra e as árvores de si deitam. E com isto andam tais e tão rijos e tão nédios que o não somos nós tanto, com quanto trigo e legumes comemos.

Nesse dia, enquanto ali andavam, dançaram e bailaram sempre com os nossos, ao som de um tamboril nosso, como se fossem mais amigos nossos do que nós seus. Se lhes a gente acenava, se queriam vir às naus, aprontavam-se logo para isso, de modo tal, que se os convidáramos a todos, todos vieram. Porém não levamos esta noite às naus senão quatro ou cinco; a saber, o Capitão-mor, dois; e Simão de Miranda, um que já trazia por pajem; e Aires Gomes[37] a outro, pajem também. Os que o Capitão trazia, era um deles um dos seus hóspedes que lhe haviam trazido a primeira vez quando aqui chegamos — o qual veio hoje aqui vestido na sua camisa, e com ele um seu irmão; e foram esta noite mui bem agasalhados tanto de comida como de cama, de colchões e lençóis, para os mais amansar.

---

[37] Aires Gomes da Silva nasceu numa das famílias mais respeitadas da Península Ibérica, descendente dos reis de Leão, na atual Espanha. Aires Gomes esteve no Brasil e, como Cabral e Simão de Miranda, tomou um nativo para servir de pajem, isto é, de criado. Morreu em 24 de maio de 1500, a caminho do Cabo da Boa Esperança quando, com outros três navios, seu barco naufragou em uma violenta tempestade.

Nem comem senão desse inhame, que aqui há muito, e dessa semente e frutos, que a terra e as árvores de si lançam.

E com isto andam tais ... que não o somos nós tanto...

... e, quando nos viram assim vir...

...alguns se foram meter debaixo dela para nos ajudar.

Chantada a Cruz, com as armas e a divisa de Vossa Alteza...

Ali disse missa o padre frei Henrique...

## A Carta

E hoje que é sexta-feira, primeiro dia de maio, pela manhã, saímos em terra com nossa bandeira; e fomos desembarcar acima do rio, contra o sul onde nos pareceu que seria melhor arvorar a cruz, para melhor ser vista. E ali marcou o Capitão o sítio onde haviam de fazer a cova para a fincar. E enquanto a iam abrindo, ele com todos nós outros fomos pela cruz, rio abaixo onde ela estava. E com os religiosos e sacerdotes que cantavam, à frente, fomos trazendo-a dali, a modo de procissão. Eram já aí quantidade deles, uns setenta ou oitenta; e quando nos assim viram chegar, alguns se foram meter debaixo dela, ajudar-nos. Passamos o rio, ao longo da praia; e fomos colocá-la onde havia de ficar, que será obra de dois tiros de besta do rio. Andando-se ali nisto, viriam bem cento cinquenta, ou mais. Plantada a cruz, com as armas e a divisa de Vossa Alteza, que primeiro lhe haviam pregado, armaram altar ao pé dela[38]. Ali disse missa o padre frei Henrique, a qual foi cantada e oficiada por esses já ditos. Ali estiveram conosco, a ela, perto de cinquenta ou sessenta deles, assentados todos de joelho assim como nós. E quando se veio ao

---

[38] Os padrões eram colunas de pedra encimadas por uma cruz ou as armas de Portugal com uma inscrição. Eram utilizados pelos navegadores portugueses durante a era dos Grandes Descobrimentos para marcar os locais que descobriam. O primeiro a utilizar o padrão foi Diogo Cão por ordem de D. João II, em 1482, na foz do rio Congo. Bartolomeu Dias e Vasco da Gama também fizeram uso dos padrões.

Evangelho, que nos erguemos todos em pé, com as mãos levantadas, eles se levantaram conosco, e alçaram as mãos, estando assim até se chegar ao fim; e então tornaram-se a assentar, como nós. E quando levantaram a Deus, que nos pusemos de joelhos, eles se puseram assim como nós estávamos, com as mãos levantadas, e em tal maneira sossegados que certifico a Vossa Alteza que nos fez muita devoção.

Estiveram assim conosco até acabada a comunhão; e depois da comunhão, comungaram esses religiosos e sacerdotes; e o Capitão com alguns de nós outros. E alguns deles, por o Sol ser grande, levantaram-se enquanto estávamos comungando, e outros estiveram e ficaram. Um deles, homem de cinquenta ou cinquenta e cinco anos, se conservou ali com aqueles que ficaram. Esse, enquanto assim estávamos, juntava aqueles que ali tinham ficado, e ainda chamava outros. E andando assim entre eles, falando-lhes, acenou com o dedo para o altar, e depois mostrou com o dedo para o céu, como se lhes dissesse alguma coisa de bem; e nós assim o tomamos!

Acabada a missa, tirou o padre a vestimenta de cima, e ficou na alva; e assim se subiu, junto ao altar, em uma cadeira; e ali nos pregou o Evangelho e dos Apóstolos cujo é o dia, tratando no fim da pregação desse vosso prosseguimento tão santo e virtuoso, que nos causou mais devoção.

## A Carta

Esses que estiveram sempre à pregação estavam assim como nós olhando para ele. E aquele que digo, chamava alguns, que viessem ali. Alguns vinham e outros iam-se; e acabada a pregação, trazia Nicolau Coelho muitas cruzes de estanho com crucifixos, que lhe ficaram ainda da outra vinda. E houveram por bem que lançassem a cada um sua ao pescoço. Por essa causa se assentou o padre frei Henrique ao pé da cruz; e ali lançava a sua a todos — um a um — ao pescoço, atada em um fio, fazendo-lha primeiro beijar e levantar as mãos. Vinham a isso muitos; e lançavam-nas todas, que seriam obra de quarenta ou cinquenta. E isto acabado — era já bem uma hora depois do meio-dia — viemos às naus a comer, onde o Capitão trouxe consigo aquele mesmo que fez aos outros aquele gesto para o altar e para o céu, e um seu irmão com ele. A aquele fez muita honra e deu-lhe uma camisa mourisca; e ao outro uma **camisa destoutras**.

E segundo o que a mim e a todos pareceu, esta gente, não lhes falece outra coisa para ser toda cristã, do que entenderem-nos, porque assim tomavam aquilo que nos viam fazer como nós mesmos; por onde pareceu a todos que nenhuma idolatria nem adoração têm. E bem creio que, se Vossa Alteza aqui mandar quem entre eles mais devagar ande, que todos serão tornados e convertidos ao desejo de Vossa Alteza. E por isso, se alguém vier, não deixe logo de vir clérigo para os batizar; porque já então

**CAMINHA EXPLICA**

**A camisa mourisca era uma veste ampla**, no estilo árabe, própria para ser usada nos climas quentes, que os portugueses haviam adotado em suas viagens. Estoutras refere-se às camisas simples, mais curtas e justas, sem pregas ou ornatos, usadas no dia a dia.

terão mais conhecimentos de nossa fé, pelos dois degredados que aqui entre eles ficam, os quais hoje também comungaram.

Entre todos estes que hoje vieram não veio mais que uma mulher, moça, a qual esteve sempre à missa, à qual deram um pano com que se cobrisse; e puseram-no em volta dela. Todavia, ao sentar-se, não se lembrava de o estender muito para se cobrir. Assim, Senhor, a inocência desta gente é tal que a de Adão não seria maior — com respeito ao pudor.

Ora veja Vossa Alteza quem em tal inocência vive se convertera, ou não, se lhe ensinarem o que pertence à sua salvação.

Acabado isto, fomos perante eles beijar a cruz. E despedimo-nos e fomos comer.

Creio, Senhor, que, com estes dois degredados que aqui ficam, ficarão mais dois grumetes, que esta noite se saíram em terra, desta nau, no esquife, fugidos, os quais não vieram mais[39]. E cremos que ficarão aqui porque de manhã, prazendo a Deus fazemos nossa partida daqui.

Esta terra, Senhor, parece-me que, da ponta que mais contra o sul vimos, até à outra ponta que contra o norte vem, de que nós deste porto houvemos vista, será tamanha que haverá nela bem vinte ou vinte e cinco léguas de costa [*cerca de 95 a 120 quilômetros*].

---

[39] Muito provavelmente, os garotos fugiam dos maus-tratos que sofriam a bordo de seus navios para tentar uma vida melhor na nova terra. Não há referências posteriores a esses dois rapazes.

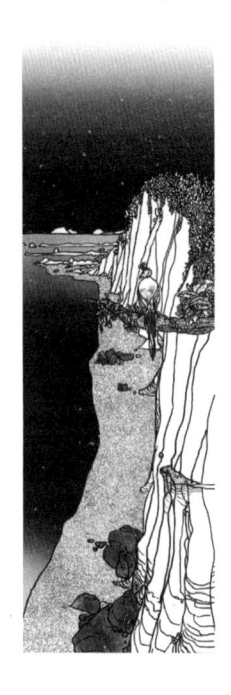

## A Carta

Traz ao longo do mar em algumas partes grandes barreiras, umas vermelhas, e outras brancas; e a terra de cima toda chã e muito cheia de grandes arvoredos. De ponta a ponta é toda praia... muito chã e muito formosa. Pelo sertão nos pareceu, vista do mar, muito grande; porque a estender olhos, não podíamos ver senão terra e arvoredos — terra que nos parecia **muito extensa**.

Até agora não pudemos saber se há ouro ou prata nela, ou outra coisa de metal, ou ferro; nem a vimos. Contudo a terra em si é de muito bons ares frescos e temperados como os de Entre-Douro-e-Minho, porque neste tempo d'agora assim os achávamos como os de lá. Águas são muitas; infinitas. Em tal maneira é graciosa que, querendo-a aproveitar, dar-se-á nela tudo; por causa das águas que tem!

Contudo, o melhor fruto que dela se pode tirar parece-me que será salvar esta gente. E esta deve ser a principal semente que Vossa Alteza em ela deve lançar. E que não houvesse mais do que ter Vossa Alteza aqui esta pousada para essa navegação de Calicute bastava. Quanto mais, disposição para se nela cumprir e fazer o que Vossa Alteza tanto deseja, a saber, acrescentamento da nossa fé!

E desta maneira dou aqui a Vossa Alteza conta do que nesta Vossa terra vi. E se a um pouco alonguei, Ela me perdoe. Porque o desejo que tinha de Vos tudo dizer, mo *[me] fez pôr assim pelo miúdo.*

**CAMINHA EXPLICA**

**Pedro Álvares Cabral não mandou** nenhum de seus homens explorar a nova terra, mas deixou dois degredados, que seriam resgatados anos depois, para colher informações.

*E pois que, Senhor, é certo que tanto neste cargo que levo como em outra qualquer coisa que de Vosso serviço for, Vossa Alteza há de ser de mim muito bem servida, a Ela peço que, por me fazer singular mercê, mande vir da ilha de São Tomé a Jorge de Osório, meu genro — o que d'ela receberei em muita mercê.*

*Beijo as mãos de Vossa Alteza.*

*Deste Porto Seguro, da Vossa Ilha de Vera Cruz, hoje, sexta-feira, primeiro dia de maio de 1500.*

*Pero Vaz de Caminha.*

Creio, Senhor, que com estes dois degredados ficam mais dois grumetes, que esta noite se saíram desta nau no esquife, fugidos para terra.

Não vieram mais.

E cremos que ficarão aqui, porque de manhã...

...prazendo a Deus, fazemos daqui nossa partida.

Esta terra, Senhor, me parece, será tamanha que haverá nela bem vinte ou vinte e cinco léguas por costa...

E em tal maneira é graciosa que, querendo-a aproveitar, dar-se-á nela tudo...

# A CARTA
## EM IMAGENS

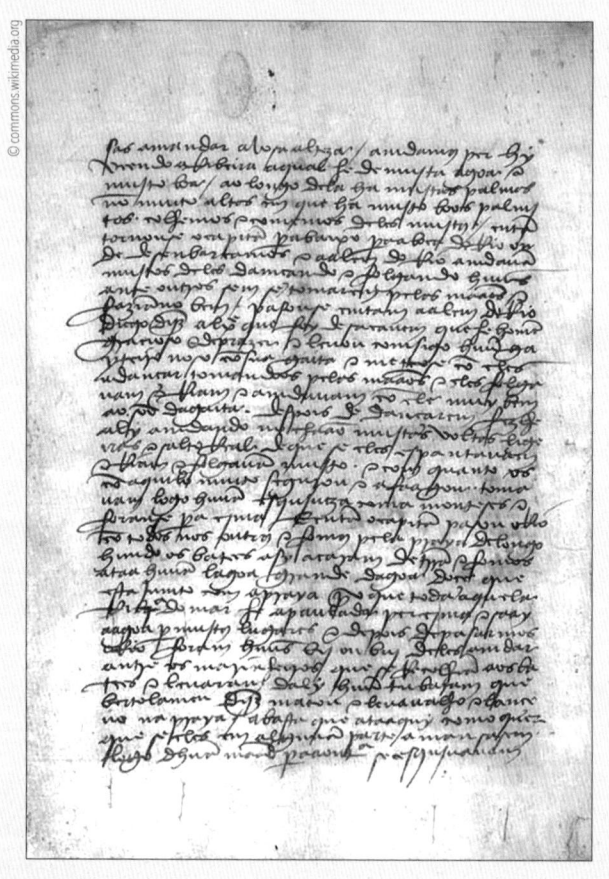

Carta, fólio 7.

Assinatura de P.V. de Caminha.

Pero Vaz de Caminha lê para o capitão-mor Cabral, frei Henrique e mestre João a carta que será enviada ao rei Dom Manuel I (1900), de Francisco Aurélio de Figueiredo e Melo (1854–1916).

A primeira missa (Victor Meirelles).

Blog com um retrato de Pero Vaz de Caminha.

Desembarque de Cabral em Porto Seguro (Oscar Pereira da Silva, 1922).

Nau Capitania de Cabral, Índios a Bordo da Capitania de Cabral, quadro de Oscar Pereira da Silva.

Retrato tradicional de Pedro Álvares Cabral. Não se conhecem retratos de Cabral de sua época. Quando veio ao Brasil, tinha 32 ou 33 anos.

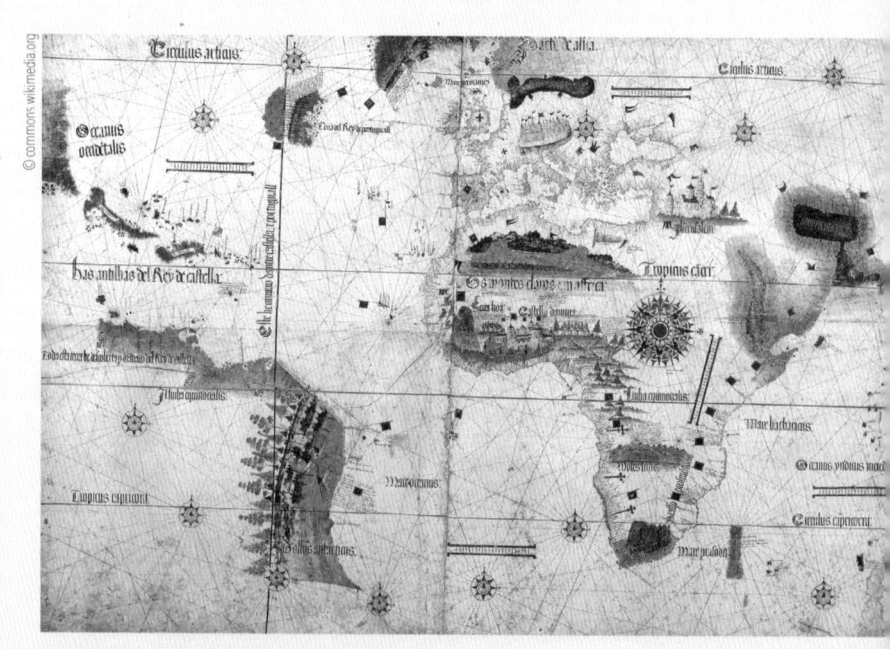

Planisfério de Cantino (1502), um dos primeiros mapas ainda existentes mostrando o território do Brasil.

A Elevação da Cruz em Porto Seguro (descrita na carta), por Pedro Peres (1879).

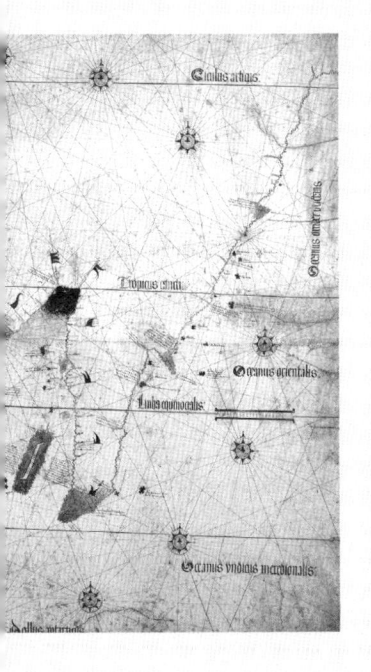

Nau de Pedro Álvares Cabral conforme retratada no Livro das Armadas.

# *A CARTA DO ACHAMENTO* NA PERSPECTIVA ESTUDANTIL

Marcella Abboud[40]

## O CONTEXTO DE PRODUÇÃO

A *Carta do Achamento do Brasil* carrega em seu próprio título duas curiosas informações: a primeira é a de que existia a premissa de achamento em um país que já estava encontrado por povos originários; a segunda, o fato de, embora endereçada ao rei D. Manuel, estava, em seu conteúdo e forma, muito mais próxima de um relato de viagem. Seu autor foi o escrivão Pero Vaz de Caminha, cavaleiro do rei, um conhecedor hábil das palavras. Caminha, antes de ser nomeado escrivão da feitoria de Calicute, na Índia, havia sido Mestre da Balança da Moeda, em Porto (Portugal), e a viagem ao Brasil, na frota de Pedro Álvares Cabral, foi sua primeira viagem transatlântica.

Escrita em maio de 1500, no lugar que seria denominado Porto Seguro (Bahia), a carta é o marco inicial do Quinhentismo, período literário que correspondia, em parte, ao Classicismo na Europa, época de imensa efervescência cultural, alimentada economicamente pelo projeto colonialista das Grandes Navegações. O Quinhentismo, que tem a duração correspondente aos cem primeiros anos do Brasil, era constituído do que se convencionou chamar de "Literatura de Informação", haja vista ser produzida com fins de informar, majoritariamente a Coroa Portuguesa. As surpresas da nova terra ou da produção dos jesuítas, como o padre Anchieta. A Coroa, por sua vez, buscava divulgar o mínimo sobre as novas descobertas, de forma a garantir a exclusividade do conhecimento

---

[40] Marcella Abboud é Mestra e Doutora em Teoria e Crítica Literária (Unicamp), professora e escritora.

## A Carta

sobre a rota e a paisagem do Brasil, de tal forma que a Carta de Caminha ficaria em segredo até o início do século XIX.

Tratar o Quinhentismo como primeiro período literário do Brasil sempre configura um assunto espinhoso, dada a condição colonial violenta a que os povos originários foram submetidos. Nesse sentido, pensar em literatura feita no Brasil ou por motivação do Brasil difere de pensar em literatura brasileira, conforme explana com clareza Alfredo Bosi:

> A colônia é, de início, o objeto de uma cultura, o "outro" em relação à metrópole: em nosso caso, foi a terra a ser ocupada, o pau-brasil a ser explorado, a cana-de-açúcar a ser cultivada, o ouro a ser extraído: numa palavra, a matéria-prima a ser carreada para o mercado externo. A colônia só deixa de o ser quando passa a sujeito da sua história.[41]

Podemos compilar, então, algumas características da literatura que se produziu nos primeiros cem anos de colônia:

---

Finalidade **majoritariamente informativa**: embora houvesse elementos de ordem literária, a fruição artística não era o objetivo final da produção quinhentista, o que dava origem a textos muito descritivos.

Dentre os gêneros discursivos produzidos, **cartas** e **relatos** predominavam como aqueles que melhor cumpriam a função informativa.

---

## VAMOS NOS APROFUNDAR NA COMPREENSÃO DA CARTA

### A OBRA

Caminha, membro de uma burguesia letrada, conhecedor de muitos idiomas, detinha todo o conhecimento necessário para elaborar uma carta

---

[41] BOSI, Alfredo. *História Concisa da Literatura Brasileira*. São Paulo: Cultrix, 2013. p. 11.

que, ao mesmo tempo, informasse a Coroa Portuguesa e maravilhasse o leitor com o feito daquela frota. Há um forte apelo descritivo, na tentativa de elaborar um retrato verbal da paisagem vista durante os nove dias, bem como todos os detalhes da estética tupi (que, muito embora Caminha não compreendesse, descreve em detalhes). Apesar disso, ficam evidentes as crenças de época que permeiam o conteúdo da carta e a falta de compreensão dos portugueses sobre a nova terra e seus habitantes.

De acordo com Sheila Hue[42], Caminha utiliza a linguagem de uma carta, inclusive com elementos coloquiais, e embora tenha uma narrativa muito próxima à de um diário de viagem, com organização diária, retoma alguns elementos de organização de uma carta, como introdução, petição final e uma fórmula conclusiva.

Embora divida com outros textos de sua época muitos pontos em comum, a autora destaca a singularidade da ironia e a familiaridade que demonstra ter com o monarca a quem endereça a carta, "evidente, especialmente nas observações maliciosas, de cunho sexual, a respeito das mulheres indígenas, como se fosse uma piada particular entre dois velhos amigos"[43]. Esse prenúncio do que será a violenta relação colonial também dialoga com um olhar utópico sobre os povos indígenas, uma espécie de premissa do que viria a ser o mito do bom selvagem rousseauniano*.

> \* **Mito do bom selvagem:** tem sua origem na obra do filósofo franco-suíço Jean-Jacques Rousseau (1712-1778) e consiste na tese de que o ser humano era puro e inocente em seu estado de natureza. Os valores e hábitos que o conduziriam ao conflito eram fruto da corrupção feita pela sociedade.

Outro elemento muito interessante apontado por Hue é a prática, comum à época, de enviar, com a carta, presentes para o destinatário, os quais acabam sendo descritos na missiva. Alguns artefatos (cocar e

---

[42] Edição comentada pela autora. CAMINHA, Pero Vaz de. *Carta de Achamento do Brasil*. Introdução e Modernização do texto: Sheila Hue. Campinas: Editora da Unicamp, 2021. p. 36.
[43] *Idem*, p. 37.

colar de contas, por exemplo) e animais (como araras vermelhas) que Caminha minuciosamente descreve foram enviados com a carta ao rei.

A Carta de Caminha, desde sua ampla divulgação no século XIX, foi material fundamental para a arte, tendo servido aos propósitos mais românticos de ideário de Nação, bem como às reivindicações antropofágicas do Modernismo. Foi inspiração para as artes plásticas, para a poesia e para a tentativa de construção de uma identidade nacional brasileira. Foi, e é muito sobre este aspecto que tratarão as provas de vestibular: um dos alicerces do que será o colonialismo e o modo como os povos originários foram sendo paulatinamente invisibilizados e mortos.

## *A CARTA DO ACHAMENTO* NAS PROVAS DE VESTIBULAR

A Carta do Achamento, mesmo antes de ter sido escolhida como leitura obrigatória do vestibular da Unicamp, sempre esteve presente em provas de vestibulares. Isto porque, mesmo passados quinhentos anos de sua criação, as marcas coloniais que se ensaiaram nas palavras de Caminha deixaram cicatrizes profundas na realidade brasileira. Sua apropriação cultural foi um elemento fundamental para legitimar a violência, inclusive simbólica, infligida aos povos originários.

No Brasil de 2022, o garimpo ilegal ainda mata indigenistas e viola a propriedade de povos indígenas, assim como a pesca ilegal que segue ameaçando o direito à propriedade da terra. As mulheres indígenas seguem sendo sexualizadas, e toda tradição espiritual relegada a um espaço maniqueísta, onde tudo que não é europeu corresponde ao mal e ao abjeto.

De maneira muito sensível, Hue inicia sua introdução com uma epígrafe retirada da brilhante obra *A queda do céu*, de Davi Kopenawa, na qual o autor discute a ideia de descobrimento: os povos originários estabelecem outra relação com a floresta, com a terra, com a natureza pensada de maneira ampla, e, em tempos de sustentabilidade, há muito mais a se aprender com eles do que com o pensamento residual do colonialismo. Outro nome fundamental da literatura, Ailton Krenak, em *Ideias para adiar o fim do mundo*, explica como aprender, com os povos originários, a resistência:

> Como os povos originários do Brasil lidaram com a colonização, que queria acabar com o seu mundo? Quais estratégias esses povos utilizaram para cruzar esse pesadelo e chegar ao século XXI ainda esperneando, reivindicando e desafinando o coro dos contentes? Vi as diferentes manobras que os nossos antepassados fizeram e me alimentei delas, da criatividade e da poesia que inspirou a resistência desses povos. A civilização chamava aquela gente de bárbaros e imprimiu uma guerra sem fim contra eles, com o objetivo de transformá-los em civilizados que poderiam integrar o clube da humanidade. Muitas dessas pessoas não são indivíduos, mas "pessoas coletivas", células que conseguem transmitir através do tempo suas visões sobre o mundo.[44]

A leitura simplista e eurocêntrica de Caminha enxergou como ingenuidade a capacidade de organização coletiva dos povos originários, e tomou como um grande Jardim do Éden o que, na realidade, eram civilizações estruturadas e autônomas. A suposta civilização segue, ainda hoje, tentando impor um modo de vida aos indígenas. Por isso, pensar na carta de Caminha é sempre repensar o passado para compreender o presente brasileiro.

Em seguida, preparamos uma lista com dez exercícios, já cobrados em vestibular e inéditos, para que você se familiarize com as questões sobre a *Carta de Achamento do Brasil*.

---

[44] KRENAK, Ailton. *Ideias para adiar o fim do mundo*. São Paulo: Companhia das Letras, 2019. p. 14.

## A Carta

# EXERCÍCIOS DE MÚLTIPLA ESCOLHA COMENTADOS

## 1. (ENEM 2013)

**TEXTO I**

Andaram na praia, quando saímos, oito ou dez deles; e daí a pouco começaram a vir mais. E parece-me que viriam, este dia, à praia, quatrocentos ou quatrocentos e cinquenta. Alguns deles traziam arcos e flechas, que todos trocaram por carapuças ou por qualquer coisa que lhes davam. [...] Andavam todos tão bem-dispostos, tão bem feitos e galantes com suas tinturas que muito agradavam.

CASTRO, S. *A carta de Pero Vaz de Caminha*. Porto Alegre: L&PM, 1996 (fragmento).

**TEXTO II**

PORTINARI, C. O descobrimento do Brasil. 1956. Óleo sobre tela, 199 x 169 cm
Disponível em: www.portinari.org.br. Acesso em: 12 jun. 2013. (Foto: Reprodução)

Pertencentes ao patrimônio cultural brasileiro, a carta de Pero Vaz de Caminha e a obra de Portinari retratam a chegada dos portugueses ao Brasil. Da leitura dos textos, constata-se que:

a) a carta de Pero Vaz de Caminha representa uma das primeiras manifestações artísticas dos portugueses em terras brasileiras e preocupa-se apenas com a estética literária.

b) a tela de Portinari retrata indígenas nus com corpos pintados, cuja grande significação é a afirmação da arte acadêmica brasileira e a contestação de uma linguagem moderna.
c) a carta, como testemunho histórico-político, mostra o olhar do colonizador sobre a gente da terra; e a pintura destaca, em primeiro plano, a inquietação dos nativos.
d) as duas produções, embora usem linguagens diferentes — verbal e não verbal —, cumprem a mesma função social e artística.
e) a pintura e a carta de Caminha são manifestações de grupos étnicos diferentes, produzidas em um mesmo momento histórico, retratando a colonização.

RESOLUÇÃO:

A carta de Caminha descreve os nativos com o olhar simplista do colonizador, como ingênuos e amistosos. Por outro lado, a pintura de Portinari destaca esses nativos em primeiro plano, transmitindo suas inquietações e espanto com as embarcações portuguesas que se aproximam.

Resposta: C

**2. (UNICAMP 2011) Em carta ao rei D. Manuel, Pero Vaz de Caminha narrou os primeiros contatos entre os indígenas e os portugueses no Brasil:** "Quando eles vieram, o capitão estava com um colar de ouro muito grande ao pescoço. Um deles fitou o colar do Capitão, e começou a fazer acenos com a mão em direção à terra, e depois para o colar, como se quisesse dizer-nos que havia ouro na terra. Outro viu umas contas de rosário, brancas, e acenava para a terra e novamente para as contas e para o colar do Capitão, como se dissesse que dariam ouro por aquilo. Isto nós tomávamos nesse sentido, por assim o desejarmos! Mas se ele queria dizer que levaria as contas e o colar, isto nós não queríamos entender, porque não havíamos de dar-lhe!" (Adaptado de Leonardo Arroyo, *A carta de Pero Vaz de Caminha*. São Paulo: Melhoramentos; Rio de Janeiro: INL, 1971, pp. 72-74.)

## A Carta

Este trecho da carta de Caminha nos permite concluir que o contato entre as culturas indígena e europeia foi:

a) favorecido pelo interesse que ambas as partes demonstravam em realizar transações comerciais: os indígenas se integrariam ao sistema de colonização, abastecendo as feitorias, voltadas ao comércio do pau-brasil, e se miscigenando com os colonizadores.
b) guiado pelo interesse dos descobridores em explorar a nova terra, principalmente por meio da extração de riquezas, interesse que se colocava acima da compreensão da cultura dos indígenas, que seria quase dizimada junto com essa população.
c) facilitado pela docilidade dos indígenas, que se associaram aos descobridores na exploração da nova terra, viabilizando um sistema colonial cuja base era a escravização dos povos nativos, o que levaria à destruição da sua cultura.
d) marcado pela necessidade dos colonizadores de obterem matéria-prima para suas indústrias e ampliarem o mercado consumidor para sua produção industrial, o que levou à busca por colônias e à integração cultural das populações nativas.

RESOLUÇÃO:
Resposta: B

## 3. (PUCCAMP 2017)
**Texto para a questão.**
Do Brasil descoberto esperavam os portugueses a fortuna fácil de uma nova Índia. Mas o pau-brasil, única riqueza brasileira de simples extração antes da "corrida do ouro" do início do século XVIII, nunca se pôde comparar aos preciosos produtos do Oriente. [...] O Brasil dos primeiros tempos foi o objeto dessa avidez colonial.

Pero Vaz de Caminha

A literatura que lhe corresponde é, por isso, de natureza parcialmente superlativa. Seu protótipo é a carta célebre de Pero Vaz de Caminha, o primeiro a enaltecer a maravilhosa fertilidade do solo.
MERQUIOR, José Guilherme. *De Anchieta a Euclides: breve história da literatura brasileira*. Rio de Janeiro: J. Olympio, 1977. pp. 3-4.

Uma vez que se considere que o conceito de literatura, compreendida como um autêntico sistema, supõe a presença ativa de escritores, a publicação de obras e a resposta de um público, entende-se que:

I. ainda não ocorreu no Brasil a vigência plena de um sistema literário, capaz de expressar aspectos mais complexos de nossa vida cultural.
II. os primeiros documentos informativos sobre a terra a ser colonizada devem ser vistos como manifestações literárias esparsas, ainda não sistemáticas.
III. a carta de Caminha e os textos dos missionários jesuíticos fazem ver desde cedo da formação de um maduro sistema literário nacional.

Atende ao enunciado o que está apenas em:

a) I.
b) II.
c) III.
d) I e II.
e) II e III.

RESOLUÇÃO:
A literatura de informação configura produção literária, mas não sistemática, além de não ser vista como literatura brasileira, mas tão-somente literatura produzida no Brasil.
Resposta: B

## A Carta

## TEXTO PARA AS QUESTÕES 4 E 5:

Eles não lavram, nem criam, não há aqui boi nem vaca, nem cabra, nem ovelha, nem galinha, nem qualquer outro animal que seja habituado a viver com os homens. Não comem senão desse inhame de que aqui há muito, e da semente e dos frutos que a terra e as árvores de si lançam. E com isto andam tais, tão rijos e tão nédios que nós mesmos não o somos tanto apesar do trigo e dos legumes que comemos. Neste dia, ali andaram, dançaram e bailaram sempre ao nosso lado, ao som de um tamboril dos nossos, de maneira que são muito mais nossos amigos que nós deles.
(CAMINHA, Pero Vaz de. *Carta de Achamento do Brasil*.

Introdução e Modernização do texto: Sheila Hue. Campinas: Editora da Unicamp, 2021. p. 109)

**4. (INÉDITA) Não raras vezes, a Carta de Achamento do Brasil foi associada ao gênero relato. Assinale a alternativa que melhor explica essa associação.**

a) Por ser uma carta puramente narrativa, repleta de marcadores temporais.
b) Por conter longas passagens descritivas, com verdadeiros retratos verbais.
c) Por não ser endereçada a alguém em específico, mas enviada a toda nação portuguesa.
d) Por narrar de maneira fantasiosa o trajeto de Portugal às Índias.

**RESOLUÇÃO:**
A carta, conforme excerto lido, possui longas passagens descritivas, as quais se mesclam às narrativas, para retratar de maneira fiel as descobertas e encaminhá-las ao rei D. Manuel.
Resposta: B

**5. (INÉDITO)** Existe, no excerto lido, uma tentativa de retratar os povos originários como excepcionalmente gentis, belos e ingênuos. Esse retrato alimentará um pensamento muito frequente no século 16, a saber:

a) O mito do amor romântico.
b) O mito da democracia racial.
c) O mito do bom selvagem.
d) O mito da caverna.

RESOLUÇÃO:
A ideia de que a suposta ingenuidade dos indígenas correspondia ao "estado de natureza" corresponde à premissa teórica do Mito do Bom Selvagem, de Rousseau.
Resposta: C

# EXERCÍCIOS ANALÍTICOS COMENTADOS

## 1. (UNICAMP 2022)
"Quando o batel alcançou a boca do rio já estavam ali 18 ou 20 homens pardos, todos nus, sem nenhuma coisa que lhes cobrisse suas vergonhas. Traziam arcos nas mãos e suas flechas. Vinham todos rijos para o batel, mas Nicolau Coelho lhes fez sinal para que pousassem os arcos e eles os pousaram. Ali não pudemos entender a fala deles nem os ouvir direito, por o mar quebrar na costa."

(*Pero Vaz de Caminha, Carta de achamento do Brasil*. Campinas: Editora da Unicamp, 2021. p. 64.)

"A primeira cena do contato, em que um imaginado ruído do mar impede a audição, vai se replicar pelo restante da carta, em que outros discursos indígenas, como a possante oratória dos antigos tupi, serão

## A Carta

ignorados, não compreendidos ou observados com perplexidade. Numa outra cena da carta de Caminha, um ancião, visivelmente um líder tupi, recepciona os viajantes com um discurso, encarado com espanto por Pedro Álvares Cabral, que lhes vira as costas e segue sua caminhada pela 'nova terra'."

(Adaptado de Sheila Hue, Pero Vaz de Caminha, o ouro e as vozes silenciadas dos indígenas. Disponível em https://globo.globo.com/cultura/pero-vaz-de-caminha-ouro-as-vozes-silenciadas-dos-indigenas-25155244. Acessado em 16/08/2021.)

a) Identifique, na Carta de Pero Vaz de Caminha, dois aspectos fundamentais do projeto colonizador português. Explique esses aspectos.
b) Explique as duas cenas mencionadas na Carta de Caminha, relacionando-as à situação atual dos povos indígenas.

**RESOLUÇÃO:**
a) O projeto colonizador português se orientou por 2 eixos fundamentais; o eixo econômico/mercantil, que se verifica, por exemplo, na ênfase dada inicialmente às trocas – registrando quase sempre a suposta ingenuidade dos povos indígenas ao do Estado lusitano, em que se apoia a legitimação ideológica do empenho colonizador, qual seja, a da salvação das almas dos nativos. Um exemplo disso encontra-se na cena em que um dos padres distribuiu crucifixos para os indígenas.

b) As duas cenas mencionadas nos excertos (o encontro com Nicolau Coelho e com Pedro Álvares Cabral) dizem respeito aos discursos dos indígenas que não são compreendidos pelos colonizadores. Essa incompreensão, mais do que o desconhecimento da língua nativa, significa a indiferença aos códigos culturais dos povos autóctones. Simboliza também um projeto de dominação que, após mais de 500 anos, continua sendo a tônica das relações entre os povos da floresta e o homem branco: sujeição simbólica e apropriação de terras indígenas.

## 2. (UNESP 2013 – adaptado)

Ninguém pode deixar de reconhecer a influência da teoria do bom selvagem na consciência contemporânea. Ela é vista no presente respeito por tudo o que é natural (alimentos naturais, remédios naturais, parto natural) e na desconfiança diante do que é feito pelo homem, no desuso dos estilos autoritários de criação de filhos e na concepção dos problemas sociais como defeitos reparáveis em nossas instituições, e não como tragédias inerentes à condição humana.

(Steven Pinker. *Tábula rasa – a negação contemporânea da natureza humana*, 2004. Adaptado.)

Explique a origem e o conteúdo da "teoria do bom selvagem" na história da Filosofia e relacione com a Carta de Pero Vaz de Caminha.

**RESOLUÇÃO:**

a) O mito do "bom selvagem" tem sua origem na obra do filósofo franco-suíço Jean-Jacques Rousseau, e sua premissa é a de que o ser humano era puro e inocente em seu estado natural, sendo a sociedade responsável por incutir nele valores e hábitos que o conduziriam ao conflito e aos problemas que na visão de Rousseau marcavam a sociedade. Relacione-se com a Carta de Pero Vaz de Caminha na medida em que foi um dos primeiros documentos coloniais a descrever os povos originários como espaço edênico e exemplo de pessoas em "estado natural", supostamente livres de maldade e conflitos.

## 3. (INÉDITA)

A colônia é, de início, o objeto de uma cultura, o "outro" em relação à metrópole: em nosso caso, foi a terra a ser ocupada, o pau-brasil a ser explorado, a cana-de-açúcar a ser cultivada, o ouro a ser extraído: numa palavra, a matéria-prima a ser carreada para

## A Carta

o mercado externo. A colônia só deixa de o ser quando passa a sujeito da sua história.

(BOSI, Alfredo. *História Concisa da Literatura Brasileira*. São Paulo: Cultrix, 2013.)

a) Explique como era a literatura na época retratada e em que período literário se passa a descrição feita por Alfredo Bosi.

b) Indique uma produção literária do período indicado em a.

**RESOLUÇÃO:**
a) Literatura de cunho informativo, produzida durante os 100 primeiros anos de colonização, denominada Quinhentismo.
b) Carta de Achamento do Brasil, de Pero Vaz de Caminha.

## 4. (INÉDITA)

Contam os brancos que um português disse ter descoberto o Brasil há muito tempo. Pensam mesmo que ele foi o primeiro a ver nossa terra. [...]. Nasci na floresta e sempre vivi nela. No entanto, não digo que a descobri e que, por isso, quero possuí-la. Assim como não digo que descobri o céu, ou os animais de caça! Sempre estiveram aí, desde antes de eu nascer.

(Davi Kopenawa, *A queda do céu*, p. 253)

O excerto de Davi Kopenawa fala sobre o conceito de descobrimento, amplamente debatido na atualidade. Identifique, na literatura quinhentista, o texto que inaugura a ideia de descobrimento, identificando seu autor e resumindo o teor de seu conteúdo.

**RESOLUÇÃO:**
O texto que inaugura a ideia de descobrimento é a *Carta de Achamento do Brasil*, de Pero Vaz de Caminha, cujo conteúdo é uma minuciosa descrição dos nove dias da expedição de Pedro Álvares Cabral ao Brasil, com relato sobre o encontro com os povos originários (vista pelo olhar eurocêntrico do autor) e da paisagem local.

## 5. (INÉDITA)

A nudez das índias e o trocadilho com a palavra vergonha, que se tornará um lugar-comum, será o ponto de partida do mito da sensualidade e da falta de pudor da mulher brasileira que os cronistas da Colônia se encarregarão de tecer e a própria literatura brasileira – de Iracema a Gabriela – irá perpetuar.

(RIBEIRO, Maria Aparecida. *A carta de Caminha e seus ecos*. Estudo e Antologia. Coimbra: Angelus Novus, 2003, p. 22)

a) No excerto de Maria Aparecida Ribeiro, menciona-se como a *Carta de Achamento* impactou a visão sobre a mulher brasileira. Explique qual a crítica da autora.

b) Relacione as duas mulheres citadas – Iracema e Gabriela – com seus respectivos autores.

**RESOLUÇÃO:**

a) A *Carta de Achamento de Caminha* foi redigida com observações maliciosas, de cunho sexual, a respeito das mulheres indígenas, lidas como mulheres cujas "vergonhas" (genitálias) não eram escondidas e, portanto, denotavam sensualidade. Essa foi a premissa de muita violência sexual sofrida por elas e perpetuadas até hoje.

b) Iracema é uma obra de José de Alencar; Gabriela pertence à obra Gabriela, Cravo e Canela, de Jorge Amado.

---

## CONHECENDO PERO VAZ DE CAMINHA E SUA CARTA POR MEIO DE UMA VIDEOAULA

Aponte a câmera do celular para o QR Code e assista ao vídeo que preparamos especialmente para você!

# REFERÊNCIAS BIBLIOGRÁFICAS

AGUIAR E SILVA, Vítor Manuel de. *Teoria da Literatura*. Coimbra: Livraria Almedina, 1992.

BOSI, Alfredo. *História Concisa da Literatura Brasileira*. São Paulo: Cultrix, 2013.

CAMINHA, Pero Vaz de. *Carta de Achamento do Brasil*. Introdução e Modernização do texto: Sheila Hue. Campinas: Editora da Unicamp, 2021.

KRENAK, Ailton. *Ideias para adiar o fim do mundo*. São Paulo: Companhia das Letras, 2019.

BOXER, C.R. *O império colonial português*. Lisboa: Edições 70, 1981.

CASTRO, Silvio: *A Carta de Pero Vaz de Caminha. O Descobrimento do Brasil*. Porto Alegre: L&PM, 2009.

CORTESÃO, Jaime. *A Carta de Pero Vaz de Caminha com um estudo de Jaime Cortesão*. Rio de Janeiro: Livros de Portugal, 1943.

DA SILVA, Maria Beatriz Nizza. *A carta-relatório de Pero Vaz de Caminha*. Disponível em: http://pepsic.bvsalud.org/pdf/ide/v33n50/v33n50a05.pdf. Acesso em: 3 jun. 2022.

FAUSTO, Boris. *História concisa do Brasil*. 3. ed. São Paulo: EDUSP, 2016.

TUFANO, Douglas. *A Carta de Pero Vaz de Caminha*. São Paulo: Moderna, 1999.

**Acreditamos
nos livros**

Este livro foi composto em Electra LT Std
e impresso pela Geográfica para a Editora
Planeta do Brasil em outubro de 2022.